AF298262

RÉFORME

DE

L'ORDRE JUDICIAIRE

RÉTABLISSEMENT

DU DIVORCE

PÉTITION ADRESSÉE A L'ASSEMBLÉE NATIONALE CONSTITUANTE,

PAR

A. F. COUTURIER DE VIENNE

DOCTEUR EN DROIT.

Il n'est pas de tyrannie pire que celle de gens qui nous jugeraient toujours sans devoir jamais être jugés par nous.

(Montesquieu).

PRIX : — 75 CENTIMES.

PARIS,

AU COMPTOIR DES IMPRIMEURS-UNIS,

QUAI MALAQUAIS, N° 15.

1848

CORBEIL, imprimerie de CRÉTÉ.

RÉFORME

DE L'ORDRE JUDICIAIRE.

RÉTABLISSEMENT

DU DIVORCE.

Conformément au réquisitoire de M. le procureur général, la cour a rendu un arrêt par lequel elle ordonne qu'il sera instruit contre les ex-ministres, décrète de corps M. Guizot et ses huit collègues, et commet pour procéder MM. Delahaye et Perrot de Chezelles jeune, membres de la cour.

Le journal *le Droit* du 1er mars, nous apprend que « M. le ministre de la justice a répondu en quelques mots à M. le premier président Séguier, qui *venait assurer de son loyal concours le gouvernement émané de la volonté du peuple*, et a annoncé à la cour que le jeudi suivant aurait lieu son installation solennelle. Pour donner plus de solennité à cette cérémonie, et assurer à la magistrature l'appui du gouvernement et le respect du peuple, M. le ministre a déclaré qu'il se proposait d'assister à l'installation des tribunaux. »

A la bonne heure, la République est sauvée ! quel admirable spectacle ! Voyez ces sénateurs qui s'avancent au milieu d'une population encore toute pantelante des émotions de la veille, qui franchissent les barricades encore fumantes, impassibles comme la loi dont ils sont les organes, à travers mille dangers ils se réinstallent sur leurs siéges, *emmaillotés dans leurs robes rouges, dans leurs hermines en chats fourrés*, comme dit Pascal, et, pourrait-on dire, en véritables Ratons qui tirent les marrons du feu : car, grâce à Dieu, sur le terrain mouvant des révolutions, MM. les magistrats se sont parfaitement arrangés, sinon pour consolider les institutions, du moins, grâce à l'inamovibilité, pour gagner tout ce que les autres fonctions ont perdu dans nos tourmentes, pour faire une véritable aristocratie, la pire, la plus dangereuse de toutes. Aussi, les voilà qui se cramponnent à leurs siéges, non plus doublés de fleurs de lis (et peu leur importent les fleurs de lis), mais que l'année dernière ils ont eu le soin de rembourrer de deux mille francs de dignité de plus par an. Aussi que de beaux et longs discours d'installation !

Oh ! la belle chose que *l'inamovibilité !* et qu'elle a inspiré d'admirables paroles à M. Royer-Collard !

« Lorsque le pouvoir chargé d'instituer le juge au nom de la société appelle un citoyen à cette fonction éminente, il lui dit : Organe de la loi, soyez impassible comme elle ! Toutes les passions frémiront autour de vous, qu'elles ne troublent jamais votre âme. Si mes propres erreurs, si les influences qui m'assiégent, et dont il est si malaisé de se garantir entièrement, m'arrachent des commandements injustes, désobéissez à ces commandements, résistez à mes séductions, résistez à mes menaces. Quand vous monterez au tribunal, qu'au fond de votre cœur il ne reste ni une crainte, ni une espérance : soyez impassible comme la loi !

« Le citoyen répond : Je ne suis qu'un homme, et ce que vous me demandez est au-dessus de l'humanité. Vous êtes trop fort, et je suis trop faible, je succomberai dans cette lutte inégale, vous méconnaîtrez les motifs de la résistance que vous me prescrivez aujourd'hui.

« Le pouvoir hésite, c'est la nature du pouvoir de se dessaisir lentement de sa volonté. Éclairé enfin par l'expérience sur ses véritables intérêts, subjugué par la force toujours croissante des choses, il dit en juge : *Vous serez inamovible !* »

A cette belle prosopopée, on pourrait très-bien répondre par les paroles de Chabroud : « Le juge inamovible est à mes yeux un homme bien redoutable. Je ne passerai pas à côté de lui sans dire avec un frémissement secret : il tient un des fils d'où dépendent mon honneur, ma vie et mes biens ; s'il est méchant, etc.... »

Par les paroles de Duport (1) : « Des hommes à qui il n'aura peut-être

(1) De *l'Établissement de l'ordre judiciaire*, p. 59. Imprimé par ordre de l'Assemblée nationale.

coûté, pour être *élus*, qu'un moment d'hypocrisie et de contrainte...
en vertu d'une irrévocable et perpétuelle délégation, exerceraient
sur les peuples une autorité absurde ou tyrannique, et leur fe-
raient payer par cinquante ans de malheur, l'erreur d'un *choix*. Les
juges sont-ils donc propriétaires de la justice, et qu'est-ce que des
emplois à vie, si ce n'est une véritable propriété? Non, messieurs, la
perpétuité des juges est une institution utile, dans un autre ordre de
choses, elle tenait à votre ancien régime, elle en était une partie es-
sentielle, semblable aux priviléges des corps et des individus, elle
servait de barrière au despotisme, mais comme eux elle nuirait à
la liberté. »

Et après ces grandes voix, si j'osais élever ma faible voix : en 1844,
je disais (1), ce qui me donne peut-être le droit de le répéter
en 1848 :

« Il n'y a sans doute en France que parmi les conseillers des cours
royales qu'on trouverait encore des gens qui regrettent les parlements. Mais il faut avouer que, du moins, le juge qui, à cette époque, grâce à sa finance, possédait une charge qu'il devait transmet-
tre à ses enfants, était dans de bien autres conditions d'indépendance que le juge de nos jours, éternellement placé entre sa conscience et son intérêt.

« La première lui dit : Organe de la loi, tu tiens dans tes mains
le sort, la vie de tes concitoyens, prends bien garde au saint dépôt
qui t'est confié, conserve ton cœur pur de toute souillure. Vois l'artiste qui poursuit pendant ses jours sans repos, pendant ses nuits sans
sommeil, le beau, cette vision qui lui échappe sans cesse, qu'il ne
peut jamais réaliser telle qu'il l'entrevit parfois, cette vision qui
fait le charme et le tourment de sa vie ! Toi, marche à travers le
monde sans te laisser distraire par les bruits du dehors ; marche, sans
te laisser rebuter par les fatigues et les aspérités de la route, à la
poursuite de la vérité ; va, et de tes pénibles labeurs n'attends d'autre récompense que celle que je te donnerai.

« Oui, vraiment, répond l'autre, et tu resteras enfoui toute ta vie
dans un petit prétoire de province, et tu y étoufferas dans ton inuti-
lité, pâlissant sur tes livres, oracles trompeurs ! Oui, et la médiocrité
triomphante viendra prendre sa revanche ; elle te proclamera un
homme loyal, instruit ; mais haussant les épaules, elle te refusera la

____

(1) Voyez les *Études historiques et critiques sur la législation* par A. F. Cou-
turier, de Vienne, chap. VIII, p. 240.

sagesse et jusqu'au sens commun. Et après tout, es-tu donc infaillible, que tu te croies appelé à régenter le monde ? Eh bon Dieu ! le mieux est l'ennemi du bien ; la vérité n'est que relative, elle ne s'établit pas comme une proposition mathématique ; l'histoire des lois n'est que le récit des erreurs humaines ; sache donc employer la loi, cet instrument incomplet sorti de la main de l'homme, pour le plus grand intérêt de tous, et t'en rapporter à ceux qui, ayant plus d'expérience que toi, doivent mieux savoir comment on doit la faire parler. Et si tu es désireux de faire le bien, attends donc que tu sois dans une sphère plus élevée, qui te permette d'y travailler avec succès : la docilité est la vertu des petits. Puis, malheureux, tu as des enfants, douces créatures qui sont ta vie, ton unique consolation : crois-tu qu'ils te sauront gré de ton farouche puritanisme ? Commence donc par te bien caser dans le monde, par assurer leur avenir, si tu ne veux pas que le monde te honnisse et que tes enfants te maudissent !

« Et le juge, qui est homme et par conséquent faible, finit par céder, et alors les difficultés s'aplanissent : il est devenu un homme *gouvernemental,* aussi l'aide-t-on à devenir membre de son conseil général ou député.... et il fait son chemin... »

Si j'osais.... à M. Royer-Collard, je répondrais que pour faire son admirable prosopopée, il faut qu'il n'ait jamais vu la salle des Pas-Perdus, qu'il n'ait jamais eu le moindre procès, et tant seulement le moindre référé. Je dirais qu'il était de ces hommes d'études qui ont habilement pondéré les pouvoirs, qui font admirablement marcher les gouvernements sur le papier ; mais qui, absorbés par leurs livres, s'enivrant au bruit de leurs paroles, ne sont jamais descendus dans la rue, au milieu des tristes réalités.

Moi, je dirai que l'inamovibilité est une très-belle chose pour ceux qui en sont investis, et qui s'en font un marchepied solide pour monter plus haut ; mais qu'elle est un gros contre-sens avec la nature des choses, qu'elle est bien la plus absurde de toutes les institutions, alors surtout qu'on considère comment les juges sont nommés en France.

Comment, ce sera un M. Martin (du Nord) ou Hébert, voire même Crémieux, qui sera chargé à lui* tout seul de nommer tous les prêtres qui éclairent ou égarent notre conscience ; de nommer tous les membres du conseil d'État chargé de faire fonctionner les rouages de l'administration ; de nommer tous les juges qui ont entre leurs mains nos biens, notre honneur, notre vie !

Ah ! grand Dieu ! mais c'est avec raison que naguère on appelait M. le garde des sceaux *sa grandeur*, car grande est sa tâche : nul homme au monde, fût-il Lhôpital, Montesquieu ou Daguesseau, n'y pourrait suffire.

Et de par MM. Martin ou Hébert, sur une signature de leur main, au moyen d'une fiction qui rapportait au roi la nomination dont il se souciait fort peu, voilà un homme qui sera qualifié pour juger à tout jamais les autres sans jamais être jugé lui-même : car, par la force même des choses, il ne relève que de sa conscience ; il peut se tromper, il peut prévariquer, n'importe, il n'a de compte à rendre à personne, il est irresponsable.

Quelque haut que soit placé le fonctionnaire, le militaire, il commande, mais il obéit, mais sa responsabilité est de tous les instants.

Et ce qu'il y a de curieux, c'est que le juge qui a reçu la consécration de l'inamovibilité de par MM. Martin ou Hébert, fera à son tour souche de petits inamovibles, car les fils de magistrats entreront de droit dans la magistrature ; on fera des projets de loi pour leur en faciliter les moyens : ne faut-il pas conserver *les traditions*, et quelles traditions ! Aussi le jeune *louveteau* (en style de franc-maçonnerie) sera-t-il parfaitement accueilli : à sa prestation de serment, M. le premier président lui fera un compliment à l'adresse de M. son père ; à la première cause qu'il bégayera, il se trouvera un avocat général qui ne manquera pas de dire qu'il y avait quelque chose de *magistral* dans sa plaidoirie.

Ou encore, si le juge a une fille à établir il donnera sa démission en faveur de M. tel.... c'est-à-dire, tout bonnement, qu'il donne en dot à mademoiselle sa fille le droit de juger ses concitoyens.

Ce sera, il est vrai, un grand sacrifice dont son cœur paternel est seul capable, car sur les siéges jadis couverts de fleurs de lis on ne sent pas venir la vieillesse : aussi, combien de Georges Dandin affaissés par l'âge qui s'opiniâtrent à juger quand même ! N'avons-nous pas vu récemment un magistrat d'une des premières cours du royaume, présider sa chambre, bien qu'il fût notoirement tombé en enfance, si bien qu'un autre magistrat, son légataire, attaquait pour cause de démence un legs de quelques 800 francs de rente viagère qu'il avait fait à de vieux domestiques !

Et puis tant d'autres trafics, la simonie, en un mot, pour appeler les choses par leur nom ! M. Guizot a eu raison de le dire : « On a toujours vendu les charges de la cour des comptes ; » elles ont été, au su de tout le monde, dans le commerce, seulement il ne s'était pas encore trouvé de président du conseil qui en tînt boutique dans le cabinet qui précède le sien.

Mais le droit de juger, les charges de magistrature se vendent souvent aussi ; et quand j'entends, se vendent, c'est à beaux deniers comptants que je veux dire. Les choses ne se pratiquent pas, il est vrai, aussi franchement qu'à la cour des comptes, elles se font clandestinement, mais pas si clandestinement que tout le monde ne sache ces petits arrangements d'argent moyennant lesquels un magistrat donne sa démission, en se faisant une pension de retraite : et cela se passe dans les plus hautes régions ! Quelque temps avant la Révolution de 1830, un fonctionnaire dont je ne veux pas dire le nom, nom bien connu de tous les gens qui tiennent au barreau, acheta moyennant 6,000 francs de rente viagère un siége à la cour souveraine, et eut le bonheur de voir mourir son vendeur six mois après ; mais lorsque vint Juillet, il était bien effrayé; je ne sais pas si aujourd'hui il est plus à l'aise; ce qu'il y a de certain, cependant, c'est qu'il n'a pas sauté encore par la fenêtre comme un de ses collègues. Puis, il faut le dire, le grand Napoléon a fait de grandes choses, mais on ne peut lui refuser un admirable instinct, un immense génie de despotisme. Il a formé un clergé dont il s'est réservé toutes les nominations; il a formé de la magistrature une nombreuse milice, 17,000 hommes environ, ayant une hiérarchie, des grades à conquérir : aussi voyez quelle foule se presse dans les salons de sa grandeur M. le garde des sceaux ; ce salon où jadis Daguesseau qui n'avait pas de places à donner, recevait dignement les parlementaires. Eh bien, en vérité, je le répète, la vénalité valait encore mieux que ce qui se passe sous nos yeux. Et cependant, quand le peuple qui a un admirable instinct pour détruire, se fut assez servi de la puissance parlementaire pour battre en brèche la royauté, il congédia les parlementaires, il les mit comme des écoliers turbulents en vacances indéfinies : et tout prouve dans les travaux de l'Assemblée constituante combien elle avait à cœur de ne rien laisser qui pût rappeler cette puissance, tombée sans qu'une voix s'élevât en sa faveur.

Dans l'armée du moins, il y a des règles pour l'avancement; dans la magistrature il n'y en a aucune. Aussi voit-on les députés avocats ou substituts dans quelque petit tribunal de province arriver de plein saut aux plus éminentes fonctions; et s'ils n'ont pas le siége qu'ils désirent, ils se fâchent tout rouge. Qui ne connaît pas le mot d'un premier président de cour royale, naguère obscur avocat, qui, ne se voyant pas nommer à un siége plus élevé qu'il ambitionnait, venait d'émettre un vote hostile, et sur le reproche qu'on lui en faisait, « *croyez-vous, monsieur le ministre*, répondit-il en vrai Romain, *que je ne sente pas assez ma dignité d'homme, pour refuser désormais mon concours à un ministère qui me* DESTITUE !!! »

Le mot est sublime ; ce brave homme appelait cela être *destitué*, parce qu'il restait premier président de la cour royale, où naguère il plaidait avocat de deuxième ou troisième ordre!

J'ai vu, de mes propres yeux vu, une lettre adressée à un mince conseiller de cour royale de province par M.... On ne peut se faire une idée de la tendresse, de la chaleur, en un mot de la platitude des termes dont se servait l'austère personnage envers le jeune magistrat, qui ne faisait pas plus acte de présence à la cour qu'à la tribune, mais votait toujours silencieusement et complaisamment : aussi s'empressa-t-on de l'élever aux plus éminentes dignités... mais le dégoût pour le protecteur et le protégé nous empêche d'en dire davantage.

Un des plus hauts fonctionnaires de la dernière administration était plus que bien avec une sienne cousine, femme d'un conseiller à la cour royale de... Il paraît que le cœur de la dame n'avait pu résister à l'éloquence du personnage. —Pour mon compte, je suis sûr qu'elle m'eût endormi, véritable robinet d'eau tiède à jet continu — mais il ne faut pas disputer des goûts. Tant il y a que par une belle nuit passablement noire, le dignitaire surpris tout au beau milieu d'une période, se livra à une furieuse course au clocher, deux lieues à travers champs,

...... dans le simple appareil,
D'une beauté qu'on vient d'arracher au sommeil.

Le mari n'était pas satisfait du tout, mais par bonheur le digne homme convoitait depuis longtemps une présidence de chambre dans sa compagnie ; on n'avait rien à refuser à une si juste ambition et on détermina un des présidents de chambre à lui laisser sa place en venant à Paris. Ainsi tout le monde fut content, sinon édifié de la manière dont les avancements se font parfois dans la magistrature. Mais aussi quel étonnant enchaînement de circonstances! Si le haut fonctionnaire n'avait pas eu une jeune et jolie cousine, si la dame n'eût pas été sensible à l'éloquence que vous savez, le brave mari ne serait sans doute jamais devenu président de chambre, et la cour royale de la Seine ne posséderait pas M...!!!

J'ai vu, de mes propres yeux vu, un garde des sceaux dans son salon aller saisir un conseiller de la cour ci-devant royale, le chambrer et le tancer vertement pour n'avoir pas obtenu le jour même la condamnation de je ne sais quel journal incriminé.

« Cela est bien facile à M. le garde des sceaux, me faisait piteusement le pauvre conseiller, cela ne va pas comme il pense, et ma foi, quand on est sur la *chaise curule...* »

Je ne pus m'empêcher de rire de la chaise curule, et de la figure du digne homme qui n'avait rien de romain.

Et cependant tels sont les hommes appelés à donner la justice en France : et certes nous n'exagérons pas ; nous leur rendons justice, car nous savons qu'en France il n'y a plus de ces juges comme ce président de tribunal de première instance, dans les commencements de l'Empire, dont on disait qu'il n'était corruptible que par les femmes, le vin et l'argent. Un bon bourgeois venait de perdre son procès, bien qu'il lui eût envoyé une demi-pipe de liqueur de première qualité : « *je vois bien,* dit-il en pleine audience, *que ma partie adverse a envoyé la pipe tout entière.* Non, grâce au ciel, il n'y a plus de juges de cette sorte ; et à côté de ces jeunes magistrats qui quittent le tapis vert à peu près à l'heure où les graves parlementaires ouvraient leur audience du matin, nous savons que la magistrature possède des hommes éminents tout dévoués à leurs travaux, et remplis du sentiment de leurs devoirs : le célèbre procès qui s'agite maintenant à Toulouse le prouve assez.

Oui, nous le savons, vous n'auriez pas l'exemple d'un juge en France recevant de l'argent d'un plaideur, ou même une pipe de liqueur fine ; et Beaumarchais ne trouverait plus un Gœzman sur qui exercer sa verve. Lorsqu'il s'agira de juger Pierre ou Paul, le juge jugera bien ; mais prenez garde qu'il ne se mêle quelque chose de politique dans votre affaire, car alors gare au zèle gouvernemental de ces messieurs ; ou encore, n'ayez pas une partie adverse qui tienne à la magistrature par les liens de la parenté, car alors gare à la plaidoirie en dessous main, clandestine, qu'on pratiquera auprès de ces messieurs ; et, si vous allez en cour royale devant M. Séguier, vous serez *sabré,* répétaient ces messieurs à un pauvre plaideur.

C'est qu'il n'en peut être autrement, c'est qu'en définitive les magistrats valent mille fois mieux encore que leur institution, qui est, il est vrai, détestable ; c'est que malgré toutes les vertus que bien volontiers je leur reconnais, après tout ils sont hommes ; c'est que votre carrière dépend entièrement de vos supérieurs, du député de votre département, qui vous signalera au pouvoir distribuant, de la place Vendôme, toutes les faveurs ; on finit par faiblir, par se livrer, et il n'en peut être guère autrement. Le grand homme l'a ainsi voulu ; il a tout enrégimenté en France ; se réservant toutes les nominations, magistrature, clergé, il a cru tenir dans sa puissante main toute la justice, toutes nos consciences. Mais au moins c'était la Gloire, la Force, c'était l'Empire, c'était un jour resplendissant qui ne devait pas avoir de lendemain ; mais toutes ces forces enrôlées pour soutenir le ministère de MM. Guizot, Duchâtel et Hébert... admirable trinité !

Et vous demandez de l'indépendance dans vos magistrats ? Mais il y a trois mois on destituait un procureur général pour s'être permis de dire franchement dans un discours de rentrée ce qu'il pensait de la jurisprudence de la cour de cassation, pour avoir dit absolument comme le procureur général de cette cour. Un procureur général, me dira-t-on, est amovible.... Mais je le demande, cette brutale destitution n'était-elle pas le plus sanglant affront à tous les membres du ministère public en France ? car c'était leur dire qu'on ne les regardait que comme des machines à réquisitoires, qu'on casserait aux gages s'ils se permettaient jamais d'avoir un avis, d'avoir quelque indépendance. N'était-elle pas, le plus insolent avertissement donné à la magistrature inamovible, au juge de première instance, qu'il n'aura jamais la place de conseiller qu'il ambitionne et qu'il mérite par ses services, au conseiller qu'il ne sera jamais président de chambre, s'il ne suit pas à la lettre le mot d'ordre parti de la place Vendôme ?

Et en passant, qu'il me soit permis de dire combien ces discours de rentrée sont des cérémonies oiseuses et ridicules. Que les avocats ne marchent jamais sans le préambule obligé d'éloges à la perspicacité, à la sagacité et à l'impartialité des magistrats, très-bien, c'est de style ; et nos avocats, gens d'esprit, artistes pleins de verve, donnent dans la salle des Pas-Perdus, des commentaires assez égayants de leurs éloges.

Mais que les magistrats eux-mêmes viennent, gravement et sans rire le moins du monde, se faire fumer l'encensoir à leurs propres nez ! Chaque cour royale promène pompeusement les statues du parlement dont elle descend, bien entendu, en ligne directe ; il n'y a pas jusqu'à l'innocente cour des comptes, qui n'évoque les souvenirs de la cour des aides, de la table de marbre, etc. Et dans ces tournois de beau langage, il faut voir comme on estropie la langue et l'histoire !

Malesherbes vint, qui le premier, en France,
Fit sentir dans les vers une juste cadence.

à propos du défenseur de Louis XVI, est jusqu'ici le coq-à-l'âne le plus mémorable du dix-neuvième siècle. Honneur au procureur général qui en est l'auteur ; cela fait tant de bien de rire un peu ! Sans être de la même force, cet autre qui citait les mots de Villeroy à son auguste élève *pendant la vieillesse de Louis XIV,* était assez réjouissant. Puis après s'être donné de l'air, s'être fait un petit blason, et avoir brillamment parcouru sa carrière, on se tourne vers MM. les avocats qui ricanent dans leur barbe, vers MM. les avoués qui font le gros dos ; et on les convie à prendre part à ces petites réjouissances de famille.

MM. les huissiers et hommes d'affaires sont sous-entendus.

Eh bien, vous me croirez si vous voulez ; mais il me semble que j'aimerais mieux les mercuriales de l'ancien régime où, selon l'expression de Daguesseau, « *le juste venait rendre compte de sa justice* », et qui, aux termes des ordonnances, avaient pour objet d'examiner « *si les conseillers étaient irrévérents ou désobéissants à Nous, à ladite cour ou aux présidents d'icelles ; s'ils étaient négligents ou nonchalants de venir en ladite cour, etc.* »

Surtout j'aime mieux Montesquieu dans son discours de rentrée au parlement de Bordeaux en 1725, disant : « Procureurs, vous devez trembler tous les jours de votre vie sur votre ministère : que dis-je, vous devez nous *faire trembler* nous-mêmes... Nous ne vous parlons pas en juges ; nous oublions que nous sommes vos magistrats ; nous vous prions de nous laisser notre probité, de ne point nous ôter le respect des peuples et de ne point nous empêcher d'en être les pères. »

Il paraît qu'aujourd'hui MM. les magistrats tremblent moins : aussi, bon Dieu, le moindre procès est-il une ruine pour les familles ; le malheureux mineur devient la proie assurée des gens de loi ; et les derniers moments du père mourant sont empoisonnés par la pensée, que le peu de bien qu'il a amassé péniblement pour ses enfants en bas âge s'en ira en frais de justice, en frais vexatoires et frustratoires, comme ils disent dans leur grimoire. Un jeune avoué, gros garçon, sans fortune ni mérite, mais qui s'est fait une spécialité des dames demanderesses en séparation, disait dernièrement dans une voiture publique, qu'il dépensait de 4 à 5,000 francs par an pour sa maison de plaisance des environs de Paris ; ce sont les pauvres maris qui payent la villégiature de monsieur !

Puis MM. les avoués en cours ci-devant royales... ceux-là font griffonner sur du papier timbré, par un clerc affamé, tout ce qui lui vient dans la tête ; chaque feuille s'appelle en argot d'étude un *rôle,* et le rôle coûte 4 fr. 50 c. Un de MM. les conseillers taxe, c'est-à-dire qu'il supprime une vingtaine de rôles sur 250 à 300, et donne son exécutoire pour condamner le malheureux plaideur à payer de 12 à 1500 francs. Celui-ci, tout éperdu de se récrier ! « Mais cet avoué pouvait dire en trente lignes ce qu'il a grossoyé en trois cents pages. — Que voulez-vous? répond le magistrat, ces pauvres avoués de cour royale n'ont que cela, il faut bien qu'ils vivent ! »

Pour moi, je n'en vois pas la nécessité. — Qu'ils vivent commis aux écritures, honnêtes artisans, à la bonne heure ! mais à quoi bon des avoués en cour royale qui viennent glaner le champ déjà tondu par leurs confrères en première instance ?

Comment se fait-il donc que M. Dupin qui a si bien stigmatisé les *loups-cerviers* de la bourse, n'ait jamais parlé des *vampires* du palais, qui sucent le sang des familles jusqu'à la dernière goutte?

C'est qu'il y a au palais un touchant échange de bons procédés entre les robes noires. Voyez ce jeune substitut s'avancer gravement, au milieu de la foule qui s'écarte et lui fait la haie…. Ici c'est l'avoué qui a bon nombre de peccadilles sur la conscience ; c'est le fastueux notaire (1) qui vient de donner hier un splendide rout, et va peut-être faire un tour en Belgique demain ; c'est l'avocat lui-même, le malin et spirituel avocat, qui, en définitive, veut gagner ses procès, car on ne gagne pas de procès si on *n'a pas l'oreille des juges*. Tous se découvrent révérencieusement devant le jeune *Togatus,* qui doctoralement monte sur son siége, et, au nom de la société, de la morale, fait retentir le tonnerre de son éloquence contre le malheureux mari qu'une femme impudique traîne devant la barre ; la dame a peut-être bien quelques petits adultères à se reprocher ; le jeune substitut paraphrase mielleusement la parole du Christ, il a peut-être bien ses raisons pour être indulgent ; ou encore il foudroie les jeux de bourse, tout en sortant de chez son agent de change ou d'une nuit passée au lansquenet.

Et le malheureux plaideur est là, recevant à brûle-pourpoint la phraséologie du parquet : on va décider de sa fortune, du sort de ses enfants : il n'a pas le plus petit mot à dire ; en vain invoquerait-il l'art. 85 : « pourront les parties assistées de leurs avoués se défendre elles-mê-

____

(1) Dans la séance du 8 juin 1843, à la Chambre des pairs, M. le garde des sceaux reconnaissait que, dans l'espace de dix ans, quatre-vingt-treize notaires avaient été poursuivis pour méfaits commis dans l'exercice de leurs fonctions, et s'étaient rendus coupables de mille neuf cent quarante-trois faux. Depuis cette époque, la progression a dû être effrayante.

mes ;» il ne pourra se faire entendre ; MM. les magistrats ne peuvent pas souffrir qu'un pauvre plaideur s'explique lui-même, on croirait qu'ils ont horreur de la vérité et que c'est un crime de lèse-majesté que de s'adresser à eux sans truchement. Pour avoir la parole au palais, il faut de toute nécessité porter une robe noire, car il ne vous est pas même permis de vous asseoir à côté de l'avocat dont vous avez été forcé d'emprunter la voix. Or, on a bien raison de dire : *traduttore traditore ;* et l'avocat, quelque habile qu'il soit, souvent n'a pas eu le temps d'étudier votre cause ; et cependant vous donneriez tout au monde pour dire un mot ; mais bah ! relégué dans la foule, gardez-vous bien de dire ce mot, ce serait attentatoire à la majesté du lieu ; et la sévère Thémis, pour avoir les yeux bandés n'en frappe que plus dur, comme un sourd ; et le pauvre plaideur est là, le malheureux, haletant, épuisé, pendant que ces messieurs causent ou dorment, pendant que son avocat, donnant carrière à sa faconde, se fourvoie en plein, et que son avoué, décoré pompeusement du titre de *Dominus litis* par M. Séguier, amorce de nouvelles procédures, et suppute l'argent que la cause, bien menée de circonvolutions en circonvolutions, doit lui rapporter.

Voyez même le malheureux placé sur les bancs de la cour d'assises... l'accusation a fouillé soigneusement dans tout son passé, a groupé avec habileté non-seulement toutes les preuves du fait dont il est inculpé aujourd'hui, mais encore toutes les circonstances de la vie du patient qui peuvent le présenter sous un jour défavorable... elle articule un fait contre lui. Et lui de se récrier : « Mais non, cela est inexact. — Silence ! lui dit-on, il vous sera permis, par l'organe de votre avocat, de faire valoir vos moyens de défense. »

Oui, mon défenseur... se dit tout bas le malheureux ; mais en attendant, l'impression fatale aura été produite sur l'esprit des jurés ; je n'aurais eu cependant qu'un mot à dire ; puis, mon défenseur pensera-t-il à le dire ? puis, hélas, aura-t-il le temps de le dire ? car les instants sont comptés, et il faudra que tout ce monde-là aille dîner, m'ayant condamné.

« La Restauration, dit M. Lherminier (1), se mit à réchauffer tous ses souvenirs de l'ancienne magistrature, et à vouloir s'appuyer sur les cours souveraines en guise de parlements.

Comme la Convention et l'Empire, elle chercha aussi des instru-

____

(1) *Philosophie du droit,* p. 325.

ments; mais son but était moins grand, et ses moyens furent misérables, odieux et ridicules. Il n'y eut pas si mince tribunal auquel on ne s'efforçât de persuader qu'il était le soutien de la légitimité; tout, jusqu'aux huissiers, devait être monarchique. La société était dénoncée chaque jour comme factieuse, comme coupable d'un excès d'embonpoint (M. Bellart), et pendant quelques années *les emplois de la judicature furent au concours de l'hypocrisie et de la servilité.* »

Eh bien, croyez-vous que si on faisait l'historique des nominations dans les derniers temps du gouvernement qui vient de se laisser choir, la rougeur ne monterait pas au front? Si parfois, des magistrats honorables durent leur avancement à leurs travaux, ce ne furent que de rares exceptions; il faut avoir le courage de le dire : la plupart ne le durent qu'à de honteux trafics, à de basses complaisances.

Aussi voyez dans les derniers temps, surtout sous ce garde des sceaux, véritable Laubardemont en herbe, combien la justice était tombée bas en France. On a faussé toutes les lois ! en vain la Charte a-t-elle dit que les délits de la presse seront justiciables du jury : au moyen de l'art. 3 du Code d'Instruction criminelle, auquel on ne pensait guère en faisant la Charte de 1830, la fameuse jurisprudence *Bourdeau* est consacrée ! c'est une victoire remportée sur le jury ; et si les plus beaux esprits (1) de la Constituante ont adopté, ont admiré l'institution du jury, messieurs les magistrats d'aujourd'hui, les fortes têtes des deux Chambres, n'y voyaient que des *épiciers ;* aussi tout ce qu'on pouvait leur prendre, était-il de bonne guerre.

Monsieur le procureur général Dupin a fait son édit du préteur ; il a inventé la nouvelle jurisprudence du duel: il n'y a pas un juge de bonne foi qui ne reconnaisse qu'elle n'a pas le sens commun. Et en effet, qui ne sait que le Code pénal ne dit pas un mot du duel, et que les fameuses paroles de M. de Montseignat, dans son Exposé des

(1) Il faut voir avec quelle hauteur d'éloquence Maury parle de cette grande institution. « On a fait, dit-il, pour me servir de la comparaison d'un jurisconsulte anglais, un syllogisme; la loi fait la majeure, et elle dit : « Tout homme qui sera convaincu de tel délit, sera puni de telle peine. » Le juré fait la mineure, et a dit: «Un tel a commis un tel délit.» Le juge est venu et a tiré la conséquence : « Donc il a mérité telle peine. » *Rien n'est si beau, sans doute, qu'une telle institution. Quel ublime concours ! La loi, le juré qui devient le premier témoin de la loi, le juge qui en est l'organe en expliquant son exécution, sont dignes de l'admiration de l'Europe entière !* »

motifs au Corps législatif, sont complétement démenties par Merlin (1) qui affirme, pour avoir assisté à toutes les conférences, «qu'il n'a jamais été question du duel dans aucune d'elles; *que ce que le rapporteur de la commission de législation a dit sur le duel est précisément le contraire* de ce qui avait été arrêté verbalement entre les membres du Comité de législation du conseil d'État : car ceux-ci avaient bien pensé au duel, mais en y pensant ils avaient cru devoir imiter à cet égard le silence de l'Assemblée constituante. »

Puis, voyez les résultats de cette jurisprudence : un duel a eu lieu; un des combattants a succombé; mais celui qui a succombé était venu bel et bien dans l'intention de tuer son adversaire; il doit donc être considéré comme un assassin (296 C., p.); et s'il n'a pas exécuté le crime qu'il préméditait c'est par des circonstances indépendantes de sa volonté, c'est que son adversaire, dans le cas de légitime défense (328), l'a tué pour ne pas être tué par lui.

Maintenant le témoin de la victime est bien un complice aux termes de l'art. 59, et comme tel il doit être puni de mort comme le meurtrier et son propre témoin.

Quel gâchis, quelle absurdité ! mais cela n'empêche pas que les cours d'appel, tout en maugréant, n'adoptent la jurisprudence Dupin ! On ne veut pas désobliger un magistrat éminent, qui a le bras long ; et on a un fils ou un gendre qu'on veut faire entrer dans la magistrature ou au parquet. Aussi le jeune élève de l'école polytechnique Servien a-t-il été gardé pendant sept mois en prison préventive !

Mais il y en a d'autres qui renchérissent encore! Si les cours royales ont baissé la tête devant la fantaisie édictoriale de monsieur le procureur général, les jurés, les *épiciers* qui ont le bon sens de penser qu'il est des cas où le duel est une fatale nécessité et que dans les pays où il n'existe pas, on assassine, les jurés, dis-je, s'obstinèrent à ne pas voir un assassin dans l'homme qui, dans un combat loyal, a exposé sa vie pour repousser des atteintes contre lesquelles les lois sont impuissantes à le protéger. Alors qu'a-t-on fait ? à propos d'une rencontre entre un député et un homme de lettres (affaire Granier de Cassagnac) on a dit au prévenu : « vous vous êtes mis à tant de pas de distance, donc vous ne vouliez vous rendre coupable que de coups ou blessures, en conséquence nous vous renvoyons en police correctionnelle; » et voilà les *épiciers* attrapés : c'est le chef-d'œuvre du genre !

(1) *Voir* dans la *Gazette des Tribunaux* un jugement fortement motivé du conseil de guerre de Mons (Belgique), rendu le 20 février 1835.

Tout récemment n'avons-nous pas vu l'affaire Beauvallon, (et certes je ne me. fais pas ici le défenseur officieux du sieur de Beauvallon) et bien que j'aie assisté aux débats, certes je ne déciderai pas si les pistolets ont été essayés ou non, mais le fait est que Beauvallon avait été acquitté par le jury, qu'on le fait revenir de l'étranger avec un sauf-conduit dont il ignore la portée restrictive, pour témoigner ; et il témoigne *in re suâ* dans sa propre affaire, et notez que son témoignage d'avance frappé de suspicion, ne peut inspirer aucune créance, car enfin il ne peut s'accuser lui-même, faire condamner l'homme qui il y a quelques jours vient de le sauver.

Pour peu que la justice eût eu de dignité, de sens moral, elle devait au nom de toutes les lois divines et humaines repousser ce témoignage ; bien au contraire, on le reçoit, c'est-à-dire qu'on tend à Beauvallon un guet-à-pens dans lequel on s'applaudit de le voir donner, puis on fait condamner à une peine infamante, l'homme acquitté par le jury, non plus, il est vrai pour le duel, dit-on en usant d'un indigne subterfuge, mais *pour faux témoignage*, c'est-à-dire pour avoir répété aujourd'hui ce qu'il disait hier devant le jury qui l'a innocenté : voilà encore une bonne pièce jouée aux épiciers.

La Charte a aboli la confiscation, mais comme corollaire de la jurisprudence Bourdeau, nous avons les dommages-intérêts *quod damni interest*, et on condamne à 30,000 francs M. Marrast pour avoir répété en termes fort mesurés ce que tout un chef-lieu de canton disait en termes très-énergiques des juges de son petit tribunal... 30,000 francs ! pure bagatelle : voilà des magistrats dorés et redorés, non pas certes au procédé Ruolz ; mais c'est le cas de dire : bonne renommée vaut mieux que ceinture dorée.

Fait-on plus de cas de la liberté des citoyens? les victimes de la prison préventive s'entassent dans les geôles ; et l'affaire Deluzy (je ne me fais pas non plus l'avocat de cette demoiselle) a été un vrai scandale. Un des chefs du parquet disait en se frottant les mains : « Je sais bien qu'il n'y a pas moyen de la mettre en accusation, mais en attendant nous la mettrons au frais ; » et en effet la demoiselle Deluzy resta pendant trois mois au secret à attendre son arrêt de non-lieu. C'était une politesse à faire à une famille puissante ; puis ces messieurs étaient partis en vacances... qu'ils y retournent.

Puis que de procès en diffamation et en séparation!

« Toute allégation ou imputation d'un fait qui porte à l'honneur ou à la considération d'une personne... est une diffamation » (Loi du 17 mai 1819, art. 15).

Bien heureusement nos pères ne jouissaient pas de cette admirable législation (1), sans quoi certes La Bruyère, Boileau qui ·

> Appelle un chat un chat et Rollet un fripon....

La Fontaine pour avoir dit :

> Selon que vous serez puissant ou misérable
> Les arrêts de la cour vous feront blanc ou noir....

Molière pour sa scène de Vadius et Trissotin, eussent figuré en police correctionnelle.

En vérité avec la liberté de la presse telle qu'on nous l'a faite, on est grandement embarrassé de parler de certains individus, car il est bien impossible d'en rien dire sans les diffamer, et l'honnête homme attaqué par ces misérables restera-t-il donc désarmé ?

Chez les Romains comme chez nos pères la loi ne punissait que l'allégation calomnieuse ; aujourd'hui avec le progrès des lumières, le proverbe a bien raison, « Toutes vérités ne sont pas bonnes à dire ; » car on punit la vérité.

Disons-le donc hautement, cette loi protectrice des fripons et des méchants a été une arme terrible dans leurs mains. Le vice triomphant s'est pavané ; à Rome on faisait métier de délateur, à Paris on a fait métier de *diffamé ;* et la justice a prononcé des arrêts menteurs, car ils n'étaient pas ratifiés par l'opinion qui juge les juges : le prétendu diffamé avait gain de cause, il faisait enfermer un père de famille, le ruinait, et après sa victoire il était un peu plus notoirement déshonoré qu'avant.

C'est qu'on ne diffame que les gens qui méritent de l'être.

Pour mon compte je n'ai jamais craint la diffamation, pas même la calomnie : « Calomniez, calomniez toujours, dirais-je, il n'en restera absolument rien. » Cette fois le proverbe est menteur.

En un mot cette loi est mauvaise, et a été rendue plus mauvaise encore par la manière dont les juges l'ont appliquée, car ils en ont

(1) « Défendre aux citoyens la dénonciation des faits dont ils ont la preuve, et ne pas leur permettre, quand ils ont démasqué le vice, d'appeler à leur aide la vérité, *c'est insulter à la raison, c'est accorder au relâchement des mœurs, à l'abaissement des caractères, le bénéfice d'un patronage public et anticipé.* C'est encourager légalement la mauvaise foi, l'esprit d'intrigue, les fraudes habiles, *e enlever à la sécurité de la société tout entière, ce qu'on donne à celle de l'individu.* » (Louis Blanc, dix ans de règne, tom. II, p. 445.)

fait une arme perfide au profit de la bassesse puissante, et des passions politiques.

Maintenant parlerons-nous de ces procès en séparation dont nous avons eu le scandaleux spectacle ! autre part (1) nous avons cité ce considérant d'un jugement : « attendu, dit un arrêt, qu'il faut considérer, en cette matière, la position sociale des deux époux, et qu'une injure qui ne serait pas grave pour des personnes placées dans la classe inférieure de la société, aurait le caractère de gravité prescrit par la loi si elle était adressée à une épouse d'une classe plus élevée, et que ladite dame se trouve dans cette catégorie » (cour royale de Poitiers. Voy. *le Droit* du 17 janv. 1843). »

Avec un pareil considérant, et c'est la jurisprudence adoptée, on va loin : pour la femme du peuple, il faut que sa vie ait été bien des fois en danger, il faut la clameur publique pour qu'on vienne à son aide et qu'on l'arrache aux brutalités d'un misérable ; tandis que la loi offre respectueusement la main aux susceptibilités de la dame de *classe élevée,* sans songer que parfois ladite dame a apporté les goûts et les vices des classes inférieures, si bien que ce qu'on appelle une injure grave, n'est souvent, en réalité, que l'expression de la vérité.

Aujourd'hui les dames en séparation ont beau jeu. « Jadis, me disait un magistrat éminent, les femmes en séparation étaient enfermées, mais les choses sont changées avec M. Debelleyme, ce seront maintenant ces dames qui feront enfermer leurs maris. »

Ces dames devraient voter une couronne d'immortelles au galant magistrat, en attendant plus d'un boudoir renferme sa statuette.

Honneur à M. Debelleyme l'inventeur du *référé.* Avant lui, le référé végétait en germe, aujourd'hui, il a grossi, grandi ; il a tout envahi : avec le référé, il n'y a pas de jugement, d'arrêt, que dis-je, de loi qui tienne ; il n'en reste plus rien absolument. Le malheureux plaideur éperdu a beau invoquer la loi, l'arrêt qu'il a obtenu, il est pris à l'horrible traquenard du référé (2).

Mais M. Debelleyme ne préside pas tous les tribunaux de première

______

(1) *Études historiques et critiques sur la législation,* p. 228.

(2) Un de mes amis a eu le malheur d'épouser une femme folle et méchante ; la dame est en continuité de procès avec son infortuné mari depuis quatre ans ; il ne se passe pas trois mois sans qu'elle le régale, par manière de passe-temps, d'un petit référé Mon pauvre ami, sans cesse relancé par la virago, se présente récemment sur assignation, au palais ; il pénètre dans une horrible salle au milieu de quelques centaines de clercs d'avoués tourbillonnant, croassant ; il n'y a que la Bourse où l'on puisse entendre un pareil bruit ; les ordonnances pleuvaient dru comme grêle ; en quelques heures, on avait jugé une centaine d'affaires ; ce-

instance, et Paris n'est pas la France : non, mais en fait de séparations, Paris compte pour plus des 9/10 de la France, parce que nulle part autant qu'à Paris il n'y a de ces femmes éternellement oisives,

pendant, la sienne ne venait pas, l'avoué de la partie adverse l'avertit par pitié qu'il ne serait jugé que le lendemain par M. le vice-président…. On lui conseille de se présenter chez ledit magistrat qui le reçoit debout, de l'air le plus rogue, lui disant « qu'il n'a pas l'habitude d'écouter les plaideurs, si ce n'est contradictoirement à l'audience. »

« Cependant, j'ai toujours eu l'honneur de visiter MM. de la cour royale, et c'est mon ami M…. de la cour royale qui m'a engagé à venir… » — C'est peut-être bon pour la cour royale, mais ici cela ne se fait pas en première instance, puis, c'est que votre ami arrive de province. »

Enfin, mon pauvre ami de balbutier qu'il le supplie de vouloir bien étudier sa petite affaire, assez difficile à expliquer au milieu des clercs de toutes les études de Paris, que son ordonnance, s'il fallait en appeler, entraînerait à une procédure longue et coûteuse, à une demande de renvoi pour suspicion légitime… et tout confus, il se sauve *à tâtons*, (car le magistrat qui a sans doute été élevé dans quelque arrière-boutique, n'a pas daigné sonner ses gens, pour faire éclairer le pauvre diable); et le lendemain, il va attendre son juge à la sortie de l'audience, se rassure un peu en lisant l'inscription : *sequitur nocentem pœna pede claudo.* « Allons, se dit-il, puisque la justice est boiteuse et lente à venir, il faut espérer que je la verrai arriver avec celui-ci. » Il entre dans la chambre du conseil, il défend l'enfant qu'une marâtre veut dérober à ses soins, cite la loi qui lui donne l'autorité paternelle. — Le magistrat, de compagnie avec un de ses collègues, se met à rire… Le pauvre père ne croyait pas qu'il fût si drôle de parler à un juge de la loi… il cite l'arrêt qui lui laisse l'entière et libre disposition de son enfant… Le juge en référé hausse les épaules, dit quelques mots à l'homme vêtu de noir qui occupe pour la partie adverse, les congédie sans se donner la peine tant seulement de prononcer son jugement; et le soir, mon infortuné ami reçoit par l'entremise de la partie adverse, copie d'une petite ordonnance… Il lit, et ne peut en croire ses yeux…; moi-même, si je ne l'avais point lue, je n'y croirais pas… après bien des *disons que* justes et raisonnables, ladite ordonnance se termine par un *néanmoins* qui dit précisément tout le contraire de ce qui précède et fait le plus choquant contre-sens.

Le *néanmoins*, nous le savons, est bien porté ; MM. de la cour l'affectionnent , c'est une manière de dire : cela n'est pas mal jugé, *néanmoins*, en notre qualité de conseillers, nous devons faire quelque chose de mieux ; mais un juge de première instance se donner du *néanmoins* et s'en permettre un de cette force !

Mon ami s'empresse d'écrire à l'auteur, de lui signaler la flagrante contradiction, il espère un instant que l'auteur fera une seconde édition revue et corrigée de son ordonnance ; mais on ne daigne pas lui répondre ; le juge en référé a prononcé, il est infaillible comme le pape.

« Quoi ! s'écriait mon ami, je servais déjà mon pays, que ce monsieur était encore dans la poussière de ses bouquins, et il ne daigne pas seulement me faire asseoir, me faire reconduire. Ah ! il ne reçoit pas les plaideurs ! comment a-t-il donc eu tout récemment une si longue conversation à domicile avec la demoine vivant que pour leurs plaisirs et pour le désespoir de leurs maris, véritables courtisanes très-légitimement mariées qui se font un sérail de petits eunuques littéraires, de Sigisbés célibataires, beautés hystériques continuellement excitées par une littérature aphrodisiaque, et par l'encens de faméliques thuriféraires qui vivent à leurs dépens, et à ceux de leurs maisons ; mères de famille sans entrailles qui mènent leurs filles dans le monde pour s'y montrer elles-mêmes, les suivent dans les cours pour y étaler leurs toilettes, et glaner quelques mots scientifiques qu'elles ne comprennent pas, et qui ne voient dans leurs infortunés maris que des caissiers destinés à apporter de l'argent au logis, tançant vertement le bonhomme s'il n'a pas eu l'esprit de se procurer à tout prix, souvent au prix de son honneur, soit des actions de chemins de fer, ou bien un titre, (car elles en raffolent), avec lequel elles se figureront entrer de plain pied dans le noble faubourg, ou encore une place avec de bons émoluments; car il faut qu'elles brillent, et cela coûte cher. Telles sont les citoyennes de nos jours, si bien que l'honnête homme après avoir tracé péniblement son sillon journalier, en rentrant chez lui, est accueilli par les reproches et les dédains de sa savante moitié, parce qu'il n'est pas au courant de la littérature du jour; il y trouve la corruption érigée en système sous prétexte des intérêts de sa famille, de l'avenir de ses enfants, si bien que souvent un cœur né avec de la droiture finit par se fausser, grâce à cette obsession acharnée qu'une femme seule sait exercer sur son patient.

Je parle de Paris, parce que nulle part il n'y a autant de congrégations religieuses, parasites vivant aux dépens de la société, pénétrant

selle..., jolie artiste plaidant contre son directeur.... est-ce que ces messieurs ont droit d'impertinence !

Et je cherchais à le calmer : «Allons, allons, un plaideur a vingt-quatre heures pour maudire ses juges. » — « Et moi, s'écriait-il, je maudirai les miens tout le reste de ma vie, je les maudis au palais où je ne puis entrer sans avoir le cœur aussi serré que si je passais le pont des *Soupirs*, je les maudis dans leurs maisons où ils reçoivent très-bien la jolie plaideuse et l'homme puissant, et où ils me font des impertinences... Je les maudis à la campagne où ils vont se prélasser en vacances pendant que des malheureux gémissent sous les verrous.... je les maudis jusque dans les enfants dont ils se croient les pères. Je maudis mille fois l'auteur du référé, car son *néanmoins* est une insulte au bon sens, ou pis que cela, une plate politesse faite à une famille, par esprit de robe. »

Mon ami est la loyauté même, mais parce qu'il n'a jamais fait de mal à personne, qu'il a fait autant de bien que ses faibles moyens ont pu le lui permettre ; il a la faiblesse de s'indigner d'une lâcheté, d'une injustice, et la naïveté de s'en fâcher tout rouge.

par l'espionnage au sein des familles, et qui y sèment, y fomentent soigneusement la discorde pour récolter de riches héritages : nulle part autant de ces couvents de femmes qui reçoivent des *dames en chambres!* et leur offrent de si aimables facilités (1), des praticiennes aussi habiles pour mener à bien un procès scandaleux : si bien que ce sont de véritables mauvais lieux dont les femmes ne sortent que corrompues jusqu'à la moelle des os.

Nulle part autant qu'à Paris il n'y a des hommes d'affaires aussi retors; achalandant leurs ignobles boutiques avec les dames en séparation, faisant la fourniture de *faux témoins* et de tout ce qui concerne leur spécialité, non pas au plus juste prix, mais à un prix exorbitant, ruineux pour les pauvres enfants.

C'est que Paris avec ses journaux de mode et de littérature, envoie tous les jours par la poste des tentations de désordre au sein des familles de province. Le pauvre mari rentre de voir sa vigne ou de troquer une paire de bœufs, il est tout étonné de trouver sa moitié inquiète et ayant du vague à l'âme, lui débitant une tirade sur les bords fortunés de l'Arno, et sur la terre embaumée où fleurissent les orangers; ce qu'il y a de certain c'est que son rôt n'est pas cuit à point, que son rude appétit paraît bien grossier : il croit sa femme malade, non, c'est tout bonnement un accès de poésie que lui a apporté la brochure jaune-serin qu'elle tient dans la main.

Bientôt le pauvre homme abandonnant ses colzas, ses vignes, et ses bœufs et ses enfants, s'acheminera tristement en guise de meuble nécessaire, vers la terre des grands souvenirs, la terre aux horizons magiques, aux ruines éloquentes, au ciel resplendissant, etc.

Va, bonhomme, je te plains du fond de l'âme, la paix est bannie de ta modeste habitation, ta fille élevée par madame sa mère te regardera comme un sot, et le reste de tes jours tu es condamné à manger froid et à boire chaud (2).

____

(1) Dans une plainte en adultère portée en 1844, devant le tribunal de première instance de la Seine, on parlait de l'excessive assiduité d'un avoué de la dame qui se trouvait dans un couvent, mis sous l'invocation du mari de la Vierge. « Mais comment, disait le président, cet avoué pouvait-il pénétrer auprès de sa cliente ? — Comment, répondait un témoin, serrurier dans le voisinage, par le jardin, et des clefs du jardin, il y en a plus de cent soixante en circulation. »

(2) M. de Rancé écrivait à l'abbé Nicaise... « Épouser une femme, ses mauvaises humeurs et les inconvénients qui sont attachés à cet état. — Je n'imagine pas de trappe comparable à celle-là, et celle où nous sommes, me paraît un lit de roses par rapport à ce que nous savons qui arrive aux gens mariés. » (*Vie de Rancé,* par M. de Châteaubriand, p. 204).

Mais si le mari a résisté, s'il a mis son *véto* sur les voyages, il est bientôt déclaré un horrible tyran ; si encore il n'a pas voulu passer sa vie à courber l'échine, à faire sa cour, il n'a pas *avancé*, il n'a pas obtenu le plus petit bout de ruban, dès lors il passe à l'état de *bon à rien*, c'est son coup de grâce ; et les absences commenceront, on ira se réfugier auprès de ses parents, car la vie est devenue impossible avec un pareil homme, la séparation de fait, en attendant l'instance en séparation devant les tribunaux... et le malheureux, il faudra qu'il aille comparaître devant le galant M. Debelleyme ou devant quelque Duret d'Archiac.

Mais vraiment c'est chose horrible, rien que d'y penser.... Mais savez-vous qu'une séparation prononcée contre moi va me ravir des enfants que je chéris, c'est-à-dire m'arracher les entrailles toutes saignantes ; que si elle est méritée, elle va porter à mon front un stigmate bien autrement flétrissant que celui qu'une femme impudique pourrait y imprimer, car, Dieu merci, avec le progrès des lumières et l'émancipation du beau sexe, un honnête homme n'est plus même ridiculisé par l'inconduite de sa femme.

Mais, grand Dieu, si je suis un misérable, indigne d'être père de famille, de conserver la femme que j'ai achetée à beaux deniers comptants, car je l'ai achetée par ma position, par ma fortune, par les avantages qu'on m'a fait lui consentir ; indigne de conserver mes enfants, des enfants dont je crois être le père, que j'aime du moins comme si je l'étais, car j'ai vécu pour eux, je les ai protégés, ils portent mon nom ; qu'on me flétrisse, je le veux, qu'on me fasse subir la *minutio capitis*, que je sois au milieu de la société comme *relégué*, mis en quarantaine, à la bonne heure, je ne mérite plus la confiance ni l'estime de mes concitoyens, mais je veux être jugé par mes concitoyens, les témoins confrontés à la barre, et non pas dans un arrière-cabinet, par un juge à l'enquête à qui on a fait la leçon, non pas à l'audience par M. Debelleyme ou M. Duret d'Archiac, ou par MM. les juges de Corbeil, qui dans l'affaire Petit, ont fait à M. Guizot la politesse d'ordonner le huis-clos, et ont bien formulé le jugement le plus saugrenu qui ait été jamais enregistré dans les annales judiciaires.

Et cependant contre la sentence de ces messieurs, je n'ai d'autre recours que la cour d'appel ; — me voilà devant M. le premier président Séguier qui s'est réservé toutes ces causes... Gloire à M. Séguier ! Dans mon enfance, j'entendais dire à un avocat mort bien jeune, mais qui a laissé un nom au barreau : « *A une audience, la*

*présence de M. Séguier équivaut à l'absence de trois juges, lui qui n'é-
coute jamais; ses voisins de droite et de gauche qu'il empêche d'entendre.* » Aujourd'hui cette pétulance loquace s'est un peu calmée ;
monsieur le premier président dort assez souvent, et ne se réveille
que pour prêter l'oreille à quelques-uns de ces détails graveleux dont
ces causes sont toujours ornées, et pour lâcher un lazzi soit à l'adresse
de l'avocat, soit à celle du patient.

M. Séguier (1), c'est tout dire ; jamais magistrat ne sçut moins
son métier. Puis ce sera M. l'avocat général qui par cet esprit de ga-
lanterie aujourd'hui de mode (on remarque que les femmes ont toujours raison au palais ; qu'une femme verse du poison à son mari, et
s'endorme tranquillement après, ainsi qu'elle le déclare, le com-

(1) Mon ami, dont j'ai parlé plus haut, eut l'honneur d'aller voir M. Séguier, dont
il fut reçu très-poliment, car M. Séguier est un homme bien élevé, spirituel, aimé
de tous ceux qui le connaissent particulièrement, tous lui rendent cette justice :
« Mais mon cher, votre femme est une *sainte,* lui dit le magistrat, sans autre forme
de procès, car il ne connaissait rien de l'affaire, seulement on avait eu soin de lui
couler à l'oreille que la dame était une sainte.

Mon ami, qui prétend que sa femme, loin d'être une sainte est une dévote, c'est-
à-dire la pire variété de l'espèce dont un mari puisse être affligé, car moyennant
quelques pratiques et simagrées, la dévote ne se refuse aucun désordre, seulement
elle s'y livre avec une crânerie d'impudeur qu'on ne trouverait pas dans la femme
la plus mondaine ; mon ami de répondre : « L'enfer est pavé de saintes de ce
genre, mais il n'est pas question de la canoniser ; elle s'est éloignée de moi, tant
mieux, je lui remets sa dot, qu'elle ne plaide pas, qu'elle reste tranquille, aussi
bien je ne peux jamais la forcer de réintégrer le domicile conjugal malgré-elle,
par la force, *manu militari.* »

« Mais si fait, si fait, il est certain que vous ne pouvez pas dire à un dragon, à
un hussard, de vous ramener votre femme, mais adressez-vous à un procureur du
roi, à un commissaire de police, et ils vous la ramèneront. »

« Mais non, monsieur le premier président, on en usait ainsi avant la grande révolution, aujourd'hui il n'y a plus de *compelle intrare,* pour la femme qui a dé-
serté le domicile conjugal ; telle est votre jurisprudence, et tout ce qu'un mari peut
faire, c'est de couper les vivres à sa femme ; et la mienne a sa dot... sa dot, mais
la pauvre femme, elle la mangera, ce sont quelques petites rentes qu'elle vendra. »

— « Mais pas du tout, reprenait M. le premier président, elle ne peut les vendre
sans l'autorisation maritale... »

M. le premier président faisait semblant d'ignorer qu'en dépit de l'article 217, il
y a un article 1449 qui est, comme ils disent, au siége de la matière, moyennant
lequel une femme séparée peut disposer de son *mobilier* et l'aliéner. Or, on serait en droit de dire, d'après notre immortel code qui ne pensait guère à l'immense
développement que prendrait la fortune mobilière : M. tel a un bien beau *mobilier* et ce parce qu'il aurait 50,000 francs de rentes sur l'État, ce qui est passablement ridicule, mais qui est ainsi.

Et ne voilà-t-il pas que mon ami s'est mis dans la tête que M. Séguier n'était

plice qui lui a donné le poison sera condamné, et très-justement, mais la femme sera épargnée), l'avocat général, dis-je, ira se faire l'avocat officieux de la dame, surtout si elle appartient à une famille bien posée, aussi avec quelle force d'éloquence va-t-il flétrir les moindres peccadilles du pauvre mari, et *crier haro sur le baudet ;* puis il conclut à ce que les enfants soient enlevés au malheureux, qu'ils soient confiés à sa mère qui les élèvera, au sein de sa famille, *car cette famille,* s'écriera-t-il d'un ton inspiré et pathétique, *c'est l'asile de toutes les vertus !* Et il se trouvera des juges sans pudeur pour condamner un bon père de famille, pour le traiter absolument comme s'il avait tenu une de ces maisons ainsi qu'il est dit à la **L.** *de Lupanar.* au Code.

Mais en vérité tout cela est une horrible comédie, et l'infortuné qui en a été victime, conserve au cœur de mortels ressentiments ; oui, il finirait par haïr son pays où on tolère une pareille législation, où la famille qui devrait être un sanctuaire, peut ainsi être profanée par toutes les robes noires ; où le citoyen, le père de famille est si peu, que pour avoir eu le malheur d'épouser une méchante créature, il soit exposé à subir de pareilles tortures !

Mais il faut l'espérer, le divorce sera rétabli, le divorce, aboli par acclamation dans un moment de recrudescence religieuse, par des hommes qui ne croyaient à rien, car dans notre France, il en est de la religion comme de tout, une affaire de mode, on se demande si elle est *bien portée,* et on se fait religieux, pour être du bon ton. Le divorce, nous le demandons de toute la force de nos poumons, de toute la force d'une conviction réfléchie ; et qu'on ne s'y trompe pas, c'est pour sauve-garder le sainteté du nœud conjugal, c'est pour maintenir un peu ces dames, qui au premier mécontentement menacent leurs maris d'une séparation, et lancent leur demande comme une fusée d'essai ; c'est pour arrêter ce flot scandaleux de *libertines* comme disaient les Romains, femmes séparées de fait ou en droit, traînant après elles les noms d'honnêtes gens qu'elles déshonorent et dont elles se font un *pavillon qui couvre la marchandise. Is pater est quem nuptiæ demonstrant,* et il n'y a pas une de ces dames, pour si peu versée qu'elle soit dans la connaissance du droit et du latin, qui ne

pas du tout fort en droit. Moi qui suis docteur, vous comprenez bien que j'ai fait tout mon possible pour lui faire sentir qu'il avait sans doute mal compris, et qu'il n'était pas possible que M. le premier président de la première cour d'appel de France, ne fût extrêmement docte en droit, surtout en ce qui concerne les affaires de séparation qu'il juge tous les jours.

comprenne parfaitement cet axiome, de sorte qu'il faudra que je voie donner mon nom, que je laisse partie de mon héritage à l'enfant de ma femme séparée ; car pour désavouer cet enfant, j'ai absolument les mêmes moyens ni plus ni moins que si je tenais ma femme dans la maison conjugale.

Aussi ces dames connaissent-elles bien leurs avantages, aussi sont-elles toujours demanderesses en séparation : elles y ont en effet tout à gagner, la liberté d'abord, puis la jouissance de leur dot qu'il leur est loisible de manger si elles en ont une, sinon elles obtiendront sur la fortune, sur le labeur de leurs pauvres maris une bonne pension sous prétexte d'élever les enfants (1) qu'on aura eu l'infamie de leur laisser, une bonne pension qui les aidera à mener douce vie, avec d'aimables célibataires qui ne les laisseront pas *incomprises*.

Car la séparation a cela de moral qu'elle organise nécessairement le concubinage de part et d'autre, et voilà l'état de société que nos vertueux et religieux législateurs de 1816 ont consacré !

La religion (2) joue un grand rôle dans les *séparations*, bon nombre de ces dames frémiraient au mot *divorce* : elles calomnient leurs maris, abandonnent leurs enfants dont elles ont perdu l'avenir, elles vivent bien souvent discrètement dans les plus honteux désordres, mais aussi elles ne manquent ni à messe, ni à sermon, ni à vêpres ; dans ces té-

(1) « On a vu récemment (1844) donner la garde des enfants à une femme con-damnée pour un double adultère dans l'année. — Mais il y avait sans doute des motifs pour cela ; — ayez donc alors le courage de le dire, sans quoi votre jugement est un outrage à la morale publique » (*Ét. hist. et crit. sur la lég.* p. 229).

(2) « Est-ce bien vrai que la doctrine chrétienne qui sanctifie le mariage en lui imprimant le sceau du sacrement, prohibe le divorce ! Lors de la révolution de 1642, Milton qui traitait cette question au long parlement, disait : «Ce n'est pas Dieu qui a défendu le divorce, la loi du christianisme n'a pas aboli la loi de Moïse ; la loi canonique est ignorante et inique »(*Traité de Milton sur le divorce*).

« Puis, est-ce aujourd'hui qu'on peut dire que « les mariages se font au ciel et se consomment sur la terre ! » Hélas ! c'est chez le notaire qu'ils se font ; on sup-pute en francs et centimes l'apport des deux époux, etc. » Voir l. p. 222 et suiv. des *Études histor. et critiq. sur la législation.*

« La doctrine rigoureuse d'Étienne IV sur l'indissolubilité du mariage, n'était pas universellement admise dans la chrétienté, car plusieurs synodes, des évêques gaulois, le concile de Verberie entre autres, avaient reconnu tout récemment la légitimité du divorce dans certains cas exceptionnels...

« Il fut défendu aux chanoines et aux religieuses de fréquenter les cabarets, aux nonnes d'écrire des billets galants, etc. Un capitulaire plus ancien avait prescrit la dégradation de tout prêtre qui aurait *plusieurs* femmes ou concubines, ce qui semble prouver que le mariage des prêtres était encore considéré comme légiti-me » (Henri Martin, *Hist. de France,* — Charlemagne).

nébreuses et infâmes congrégations qui se sont glissées jusqu'au cœur de la religion catholique comme des vers rongeurs, elles trouveront toujours un confesseur ou un directeur les mains pleines d'*indulgences,* parce que ces congrégations qui pullulent sur le sol de notre malheureuse France ne vivent que du désordre sur lequel elles spéculent, pénètrent dans les ménages comme la vermine dans un bois de lit, choient la femme séparée dont elles peuvent obtenir des legs, des donations, mais n'auraient pas si beau jeu avec la femme divorcée qui peut se remarier.

Aujourd'hui il n'y a plus de castes, plus de classes, je le veux bien, mais il y aura toujours des riches et des pauvres, des savants et des ignorants ; eh bien, qu'on le remarque : au dernier degré la femme pauvre entourée de ses enfants qui lui demandent du pain, purifiée par leur présence, vaut généralement mieux que son mari qui dans ces grandes agglomérations d'hommes où les vices fermentent, a souvent pris des habitudes de désordre, rentre le soir ivre et la bat.

Mais plus on monte, plus on voit la femme entourée des jouissances du luxe, plongée dans l'oisiveté, mère de tous les vices, tout au plus occupée de futiles talents ou de la lecture de ces livres qui l'encensent, la déifient dans ses caprices, dans ses excentricités, elle ne peut tenir au logis, rêvant sans cesse de nouveaux voyages, de nouveaux plaisirs, pauvre enfant gâtée, faisant le tourment de tout ce qui l'entoure, en définitive la plus malheureuse créature du monde, parce qu'elle n'a jamais su ce que c'était que le malheur, continuellement à la recherche d'un consolateur qui veuille bien compatir à ses maux imaginaires... Oui, je le dis en vérité, à mesure qu'on va de la mansarde au salon, de la chaumière au château, plus la femme croît en grâces, en distinction, plus elle est enivrante, (au temps de sa jeunesse), comme les fleurs de serre chaude, mais aussi moins elle a la conscience des devoirs auxquels elle est appelée ici-bas, plus elle est infidèle à sa sainte mission qui est d'engendrer et d'élever ses enfants, d'honorer l'homme dont elle porte le nom et qui l'a prise sous sa protection, parce que cet homme, j'en demande pardon aux dames de la brutalité de mon expression, j'en demande pardon à tous les systèmes plus ou moins ridicules que chaque instant voit éclore sur notre fertile terre de France, cet homme dis-je, est son *maître.* Dieu et la nature l'ont ainsi voulu : — et de l'instant où la femme quitte le foyer domestique pour se mêler aux affaires du dehors, il y aura toujours anarchie dans le pays, anarchie dans la famille.... à moins toutefois que ces dames ne veuillent faire une république d'amazones, et se couper un sein pour tirer de l'arc.

Eh bien, nous demandons le divorce pour protéger la femme pauvre contre la brutalité de son mari ; pour protéger la femme riche contre la prodigalité du sien. Que le divorce hautement prononcé par le chef du jury, car c'est bien le moins que ce soit la justice du pays qui prononce en pareille matière, que le divorce tombe sur la tête du coupable comme une ineffaçable flétrissure ; que suivant les circonstances le jury lui enlève certains droits civils et politiques, et en effet pourquoi la cité confierait-elle le soin de sa défense, le droit de nommer ses représentants, d'être admis au serment, à celui qui a manqué à ses serments envers l'être faible qui lui a été confié ; à celui qui dans de sales débauches, dans les maisons de jeu a dissipé la dot qu'il a reçue, le patrimoine de ses enfants (1) ?

Le divorce, nous le demandons, comme un frein pour ces dames brillantes et vaporeuses qui peuplent les salons, ne manquent pas au sermon des prédicateurs à la mode pas plus qu'à une représentation nouvelle où elles vont étaler leurs ruineuses toilettes, patronnent une œuvre de charité, et écrasent de leurs mépris la jeune fille qui seule, sans appui, a cédé à un instant d'entraînement, ou qui s'est prostituée, la malheureuse, pour avoir du pain ; tandis qu'elles, les pompeuses libertines entourées d'hommages, au sein du luxe, se prostituent... par désœuvrement, pour se donner une petite émotion, par débauche de tête, car le plus souvent, elles n'ont pas de cœur, pas même de sens.

Le divorce, je le crois, sera pour elles un épouvantail, et l'*adultère,* (pardon de ce gros vilain mot) l'adultère ne portera plus la tête si haute ; il ne sera plus le thème obligé de toute pièce de théâtre, de tout roman nouveau ; car il mènera à un dénouement très-prosaïque, le divorce.

Il faut le remarquer en style de palais où tout est de convention, il n'y a pas adultère sans un bon procès-verbal assez difficile à se procurer, et de même que l'union des époux n'est consacrée que par M. le maire, les bons magistrats n'admettent l'adultère que lorsqu'il a reçu le baptême de M. le commissaire de police orné de son écharpe.

Si cette formalité n'a pas été remplie, le pauvre mari sera très-

______

(1) Rien n'est plus beau et plus imposant que la formule romaine qui frappait le prodigue : — « Quando tu paterna avitaque bona nequitiâ tuâ disperdis, liberosque tuos ad egestatem perducis, ob eam rem ego tibi commercio interdico... »

mal venu à se plaindre, *car eût-il vu, de ses propres yeux vu,* il sera traité comme *diffamateur,* pour avoir répété ce que chacun dit, il sera sévèrement admonesté, irrémissiblement condamné : la séparation sera prononcée contre lui avec toutes les gracieusetés qui s'en suivent, c'est-à-dire qu'il paiera largement les frais du procès, et la justice coûte cher en France, qu'il sera par-dessus le marché forcé de payer pension à sa femme, de donner caution pour les avantages qu'on lui a fait souscrire en sa faveur, à l'instant de son mariage, car ainsi que me le disait un magistrat bien honorable : « dans les trois quarts des contrats de mariage ce sont les hommes qui sont dupés » ; **MM.** les notaires ont toujours soin de leur faire consentir des libéralités *pretium ereptæ virginitatis,* c'est-à-dire payer la peau de l'ours avant de l'avoir tué.

Et ce ne sera pas tout, je l'ai déjà dit, pour n'avoir pas à succomber dans une action en désaveu, la plus difficile de toutes, il faudra qu'il endosse sans mot dire l'enfant dont elle deviendra mère ; car elle aura peut-être eu l'impudeur de venir rôder auprès du logis de son mari pour faire croire à un rapprochement, voire même de lui notifier sa grossesse posthume, ou encore elle se sera contentée, comme il n'y a pas longtemps l'héritière d'une noble famille, de faire inscrire tout tranquillement le nouveau-né sur les registres de l'état civil sous le nom du pauvre mari qui, père sans s'en douter, ne sait pas qu'on lui élève un petit rejeton qui viendra armé de l'art. 322 lui dire que nul ne peut contester l'état de celui qui a une possession conforme à son titre de naissance.

Pitoyable législation ! mais au moins le divorce rompait une bonne fois ce nœud devenu insupportable !... maintenant le nœud n'est pas rompu, il n'est que *relâché.* Admirable combinaison !.. deux forçats attachés pour le reste de leur vie à la même chaîne... la chaîne a beau être allongée et bien lâche, chacun des mouvements qui lui est imprimé réveille vos douleurs, l'homme qui s'est fait retrancher un membre gangrené souffre encore à ce membre qu'il n'a plus : moi, je sens au pied qui porte l'anneau une vive douleur... Oh ! c'est là-bas mon camarade de chaîne qui s'agite ; bon Dieu ! bon Dieu ! un peu de repos, j'ai tant souffert ! non, il faut marcher, mon camarade de chaîne ne veut pas de repos. Cette chaîne est devenue un conduit électrique qui unit encore deux existences pour la douleur, et la douleur donne tant de finesse aux sens, que je finirai par percevoir au moyen du fil conducteur, quand mon camarade de chaîne se donnera du bon temps...

J'ai eu, je suppose, le malheur d'épouser une de ces femmes inquiètes et désordonnées, qui ne peuvent tenir en place, à qui on a appris en quelque dix années de couvent, à faire la révérence correctement, à réciter sans broncher les litanies des saints, et qui n'ont apporté dans leurs ménages que les grâces de l'écolière taquine et ignorante de la vie : mais enfin au moyen d'un bon jugement de séparation que j'ai bien payé, je serai quitte de cette créature destinée à vieillir dans une éternelle enfance.

Eh bien, pas du tout ; la vieille petite écolière ne manquera pas de faire des sottises, elle mangera sa dot que je lui ai remise, et comme le lien du ménage n'est pas rompu, qu'il n'est que *relâché,* il faudra que je paye les sottises de cette écervelée, à qui vous venez, Messieurs les magistrats, de mettre la bride sur le cou ; il faudra que je lui donne des aliments, que j'en donne peut-être même à son honorable mère, qui l'a élevée à son image, et à qui certes je dois une grande reconnaissance pour le don qu'elle m'a fait de la main de sa fille.

Ou bien encore, mon épouse séparée de corps et de bien, s'est adonnée aux robes noires, elle a pris goût aux procès, (tous les goûts sont dans la nature), et parce que cette femme hargneuse s'ennuie, il faudra, moi brave homme, que je n'aie plus ni trêve ni repos, que sans cesse, je sois arraché à mon travail, à mon service, par quelque nouveau caprice procédurier de mon ex-moitié. Je ne pourrai pas rentrer le soir sans craindre que mon portier ne me remette quelque ordure timbrée, qu'elle aura déposée dans la loge, pour amorcer un nouveau procès, ou tout au moins un petit référé.... moi qui suis si inoffensif.... car j'aime mes frères jusqu'à mes frères les gendarmes, et je regrette mes frères les sergents de ville ; mais que voulez-vous, c'est chez moi une faiblesse, je ne puis me faire à MM. les magistrats ; leur majesté, leurs robes rouges ou noires me terrassent, m'écrasent ; puis je tremble toujours de me laisser aller bien innocemment à *fixer* l'un d'entre eux *d'un regard aussi persévérant qu'insultant* (1).

---

(1) Par jugement du 4 septembre 1841, le nommé..... a été condamné à six mois de prison et aux dépens, pour « s'étant trouvé dans un lieu public avec un magistrat, *l'avoir fixé d'un regard aussi persévérant qu'insultant;* et après s'être approché dudit magistrat, *l'avoir de nouveau fixé du regard pendant quelques minutes sans désemparer.* » Nous copions textuellement dans le journal *le Droit* du 5 septembre 1841, le procès-verbal dressé par le magistrat offensé M. le président, personnage fort dogmatique, avait établi ce très-singulier dogme que le regard peut, parfois être une injure tout aussi grave, aussi punissable que la parole, etc. Le proverbe populaire dit : « *Un chien regarde bien un évêque,* » mais il ne fait pas bon regarder messieurs les magistrats.

Eh quoi ! serais-je donc condamné à d'éternelles plaidoiries ? faudrait-il que je consume ce qui me reste de forces et les quelques sous qui ont échappé à la rapacité des hommes de lois dans une lutte incessante !

Eh bon Dieu ! qu'on me délivre donc de ma femme séparée de corps et de biens ! je le demande aux lois de mon pays, à MM. les magistrats eux-mêmes, il n'y a donc pas de recours contre une plaideuse acharnée... Si, il y en a un, c'est le divorce, et nous le demandons.

Et qu'on veuille bien le remarquer, nous ne demandons pas le divorce de la loi du 25 septembre 1792 qui faisait, comme on l'a dit énergiquement, du mariage une *prostitution légale :* les époux sont-ils ennuyés de leur joug, il leur suffit d'aller devant six parents ou amis, et s'il n'y a pas réconciliation un mois après (ou deux mois s'il y a des enfants) ils n'ont qu'à se présenter devant l'officier de l'état civil avec le certificat de non-conciliation, le bail sera rompu.

Il y a le divorce pour incompatibilité d'humeur : la volonté d'un seul époux suffit ; celui qui établit que son conjoint est émigré, absent, ou qu'il réside en pays étrangers, ou même dans les colonies françaises, peut sans aucune citation, faire prononcer le divorce (décret du 24 vendémiaire an iii). Les époux divorcés peuvent se reprendre : sont-ils pressés de convoler en secondes ou troisièmes noces, il n'y a pas de raison, dit la loi du 8 nivôse an ii, d'empêcher un mari divorcé de se remarier immédiatement après le divorce, d'empêcher une femme de se remarier dix mois après ; et s'il est constant que le mari a abandonné depuis dix mois son domicile et sa femme, celle-ci pourra contracter un nouveau mariage après le divorce.

Certes ce n'est pas une pareille législation que nous voulons, car en vérité on ne peut croire à de pareilles aberrations au nom de la liberté individuelle. Nous voulons le divorce ; mais c'est pour rendre quelque sainteté, quelque stabilité, au foyer domestique ; pour que la femme ne le déserte pas au plus léger mécontentement, et ne se fasse pas un jeu de ces séparations scandaleuses, la honte de notre époque ; nous voulons le divorce tel qu'il est resté dans notre Code, comme si on avait pensé que bientôt on serait trop heureux de l'y retrouver : seulement nous désirons que quelques modifications lui soient apportées : d'abord, ainsi que nous l'avons déjà dit, que ce soit devant le jury que soient débattues ces graves affaires qui intéressent à un si haut point la société. Quoi ! chez les Romains il fallait l'assemblée des curies (*auctoritas populi*) pour consentir l'adoption qui faisait entrer un citoyen dans une nouvelle famille ; l'assemblée des comices pour recevoir le testament qui donnait à un citoyen des droits aux biens d'une famille à laquelle il était étranger ; et chez nous, la séparation qui enlève à un père de famille l'autorité maritale et paternelle, qui le laisse marié sans femme, et veuf avec une femme, fiction presque aussi cruellement absurde que la mort civile qui déshonore notre Code, la séparation est prononcée par quatre ou cinq juges blasés, endurcis sur ces misères domestiques, inamovibles personnages qui se fussent bien gardés d'ouvrir l'oreille à ce cri parti des entrailles de la vraie mère, dont parle l'Écriture à propos du sage roi Salomon ; car les magistrats ont entre autres avantages attachés à l'inamovibilité, celui d'être en vue, d'être bien connus, le roulement annuel fait connaître dans quelle chambre seront MM. tels ou tels, et pour peu qu'on ait de crédit au palais on sait fort bien s'arranger pour avoir telle ou telle chambre, si bien qu'on a tout le temps de les pratiquer d'avance, de les faire visiter, et au moyen d'une petite plaidoirie chuchotée en passant et qui atteint parfaitement son but, parce qu'elle ne frappe pas fort, pénètre plus avant dans l'oreille parce qu'elle n'a pas le verbe haut, si bien enfin que le juge arrive à l'audience bien décidé à ne pas écouter ; il est bien persuadé que M... a tous les torts, puisque sa *femme est une sainte :* madame une telle, femme du plus grand mérite à qui on n'a rien à refuser, le lui a dit— avec une pareille autorité comment ne pas condamner le mari ?

Pour mon compte, j'aimerais cent fois mieux les *épiciers,* comme disent ces messieurs.

Nous voudrions le divorce tel que l'a réglé le Code civil, mais avec une grave modification. Ainsi nous avons parlé de ces avantages qu'on fait consentir à la plupart des maris qui n'osent pas s'y refuser de crainte de paraître marchander la tendre vierge qu'on va leur livrer, puis auxquels il manque encore un sens, celui de la paternité, car ils ne savent pas encore avec quelle tendresse ils chériraient ces enfants, dont ils se croiront les pères et qu'ils aimeront aveuglément; nous voudrions, dis-je, que toutes ces libéralités entre époux faites au détriment des enfants, doublement immorales parce que vous escomptez les ressources de ces pauvres créatures, et ce, en faveur d'une femme souvent indigne et qui sera votre plus cruelle ennemie, que toutes ces libéralités fussent annulées dès qu'il y a divorce, et quelle que soit la partie qui l'obtienne ; car pourquoi le conjoint qui ne veut plus supporter les charges du mariage, en aurait-il les profits : obtenez le divorce si vous pouvez prouver que votre conjoint a eu des torts graves avec vous ; à la bonne heure, mais ne venez plus dès lors réclamer les donations qu'il vous a faites avant de vous connaître, (ce qui était mettre la charrue avant les bœufs) ; pourquoi vous enrichir aux dépens de vos enfants, et si vous n'avez pas d'enfants, aux dépens d'un époux, d'une famille dont vous vous êtes volontairement éloigné ?

Mais je n'insiste pas davantage sur ce sujet : rétabli en 1831 par la Chambre des députés, le divorce a effrayé les consciences par trop timorées, les scrupules religieux de MM. de la Chambre des pairs : espérons que cette fois-ci il ne sera plus une lettre morte dans notre Code, qu'il viendra comme un salutaire épouvantail, comme un remède héroïque mais indispensable à de bien tristes souffrances, raffermir le ménage et la famille.

Mais que le divorce soit rétabli, que notre législation qui est toute haineuse et méfiante, soit largement modifiée... Je le dis, en reprenant la question importante sur laquelle je jette mon mot dans la foule, heureux de donner un coup si faible qu'il soit à l'édifice judiciaire parce que je le crois essentiellement vicieux ; je le dis : avec de mauvais juges il n'y a pas de bonnes lois ; et, avec Montesquieu : « il n'y a pas de plus cruelle tyrannie que celle qui s'exerce à l'ombre des lois et avec les couleurs de la justice, lorsqu'on va pour ainsi dire, noyer des malheureux sur la planche même sur laquelle ils s'étaient sauvés. »

Et d'où provenaient nos magistrats ! L'empereur avait la manie des noms historiques, et tel fut nommé conseiller, uniquement parce qu'il était le descendant apocryphe d'un magistrat pendu par le peuple dans la Fronde ; dans les derniers temps, il faut avoir le courage de le dire, ils provenaient de la corruption, car on sait comment on payait de lâches complaisances à la Chambre, et les ardeurs d'un beau zèle au palais ; ou bien encore d'une hérédité bâtarde ; le père donnant sa démission pour établir son fils ou sa fille, ou enfin de petits arrangements d'argent bien simoniaques.

Et cependant on est fier d'avoir à reconnaître qu'il y a en France bon nombre de magistrats honorables, restés vraiment *indépendants;* et par ce mot je n'entends pas parler de ces ambitieux qui mécontents de ne pas ascender assez vite, se servaient de leur inamovibilité pour faire pièce au gouvernement, mais je parle d'hommes vraiment honorables, parce que, je l'ai déjà dit, les hommes valent encore mieux que les institutions... mais ces derniers, ils sont connus, honorés, leurs noms sont dans la bouche de tous ; nous ne les citerons pas parce que nous n'aimons pas à dire les noms, et que si nous nous sommes permis d'articuler ceux de MM. Séguier et Debelleyme, c'est qu'en vérité nous ne pouvions faire moins pour les chefs des deux tribunaux les plus importants de France.

Quant à un autre nom qui a paru placardé seul sur tous les murs de Paris, nous avons été bien étonné, nous l'avouons, de le voir figurer dans cette accusation, qui grâce au ciel, ne nous semble qu'une comédie représentée gravement par la magistrature dans son propre intérêt, et pour l'amusement du public ; c'est celui d'un brave et digne homme sans fiel ni malice, qui n'a fait que céder à ces influences domestiques que j'ai signalées plus haut, car si nous sommes en république, nos mœurs ne sont rien moins que républicaines : on lui aura dit qu'il fallait avant tout conserver sa place, penser à l'avenir d'un fils qui donne de si belles espérances, si fort en thèmes... A ce jeu tout autre que le bon magistrat pourrait très-bien trouver la honte, celui-ci n'y trouvera qu'un peu de ridicule ; et pour unique punition je ne lui voudrais que de se trouver face à face avec un des anciens ministres qu'il a ordre d'appréhender par corps, et avec lequel il était il y a quelques semaines si fort en politesse.

Sur le terrain mouvant des révolutions, bon nombre de gens s'attachent naturellement à ce qui présente un caractère de stabilité et de fixité, et ils ne voient pas qu'ils conservent soigneusement un principe de destruction pour tout ordre de choses qu'ils veulent établir : ce mot *inamovibilité* les séduit, et ils vont disant très-sérieusement, qu'elle est dans le juge une garantie de son indépendance, sans regarder ce qui se passe sous leurs yeux. En effet ces corps inamovibles, ces inébranlables étais des édifices qu'on a successivement élevés, les ont-ils empêchés de crouler ? le sénat conservateur qui par ses lâches complaisances a puissamment aidé à la chute de l'Empire, s'est empressé de prononcer la déchéance, mais en même temps il a soigneusement stipulé la conservation de ses dotations ; devenu chambre des pairs et le palladium de la couronne légitime, ils l'ont laissé choir, mais ils se sont conservés misérablement comme le castor de la fable, en abandonnant prudemment leur hérédité : quant à la magistrature qui est restée le seul corps inamovible, la seule aristocratie de nos jours, elle a de concert avec la majorité (tous lui rendent cette justice), perdu le gouvernement sorti des barricades ; et pour s'en convaincre, il n'y avait qu'à écouter les ministres, invoquer la *majorité* qu'ils payaient assez cher pour s'en croire sûrs, la magistrature qu'ils avaient peuplée de leurs créatures ; et les bons magistrats fidèles à leur voix s'ingéniaient déjà à prouver que la loi de 1790 qui consacre formellement les réunions politiques, interdisait les banquets.

Avec la jurisprudence, on vient à bout de tout.

Eh bien, je le dis, vous n'aurez jamais une République, vous ne l'asseoirez jamais sur des fondements solides avec la magistrature inamovible que nous ont léguée l'Empire et les deux monarchies. Ce n'est pas certes que je redoute qu'elle fasse de l'opposition à la République, bien au contraire elle sera son humble servante, et ne la servira que trop bien si elle est forte, mais on peut dire d'elle comme la sirvente au sujet du pape. « Il rampe aux pieds du roi puissant, il accable le roi malheureux, » et vienne l'instant du danger, vous la verrez se tourner contre la République, lui donner le dernier coup de pied, jeter sur sa tombe non pas des fleurs, mais toutes les gracieusetés du réquisitoire, proclamer je ne sais quelle Restauration, mettre les ministres en accusation, le tout à grand renfort de courbettes et de vivats.

Et puto, tam viles despicis togas, disait Ménage dans une pièce de vers destinée au cardinal de Mazarin, lorsque le parlement venait le complimenter à propos du mariage de Louis XIV.

Prenez donc garde d'engager l'avenir ; ne laissez pas dans les mains d'hommes quelque honorables que vous vouliez les supposer, une arme terrible dont ils pourront abuser : dans son rapport sur la situation financière, M. Garnier Pagès semble redouter « ces biens de la liste civile qui par leur cohésion, par les traditions, par les habitudes de leur administration semblent toujours attendre un nouveau caractère. » Et vous ne craindriez pas cette magistrature inamoviblement prête avec son esprit de corps égoïste à sacrifier tout pour se sauver, et à se donner à un nouveau maître !

Je concevrais encore dans un pays d'aristocratie, en Angleterre, l'inamovibilité donnée aux juges, parce que ces juges sont au nombre de douze seulement, et qu'ils sont éloignés des chambres, de toute action politique ; mais en France consacrer cette innombrable phalange de juges comme propriétaires incommutables de la justice, de la justice, entendez-vous, qui est le besoin de tous les jours, le premier besoin de la société ! Mais c'est exorbitant de tout sens commun, c'est absurde.... Cela se fait ainsi depuis nombre d'années, et bon nombre de gens n'en demandent pas davantage, car le peuple qui se dit le plus spirituel de la terre, en est bien le plus routinier, il retombe sans cesse dans les mêmes vieilleries sans que l'expérience lui profite plus qu'à l'enfant, peuple qui comme disait lord Chesterfield à Montesquieu, sait *élever des barricades, mais pas de barrières*. La leçon de 1830 a cependant été bonne.

A côté de nous, un pays dont nous faisons fi, parce qu'il ne produit pas des feuilletons aussi spirituels que les nôtres, a du moins eu l'esprit de ne pas être notre plagiaire en fait de constitution, car il a donné à la sienne les bases les plus larges, il a réalisé sans faire tant de bruit la *monarchie Républicaine* de l'Hôtel-de-ville, dont les fortes têtes du Journal des Débats se moquaient avec tant de grâce, et qui cependant ne leur en déplaise, est la seule monarchie possible aujourd'hui, parce que les peuples veulent la liberté, et ils l'auront, car ce que le peuple veut, Dieu le veut.

En Belgique « les deux chambres à l'élection du peuple se réunissent de plein droit chaque année ; les votes émis à haute voix, liberté d'enseignement, liberté d'association. Nulle autorisation préalable nécessaire pour exercer des poursuites contre les fonctionnaires, sauf ce qui est statué à l'égard des ministres. La chambre des représentants a le droit d'accuser ceux-ci et de les traduire devant la cour de cassation qui seule a le droit de les juger, chambres réunies. Le roi ne peut faire grâce au ministre condamné par la cour de cassation sur la demande de l'une des deux chambres.

« La mort civile, cette absurde fiction qui fait chez nous que les fils d'Eponyme sont bâtards et que les enfants de la femme séparée sont légitimes, est bannie de leur Code. « Les conseillers de cours d'appel, les présidents et vice-présidents des tribunaux de première instance sont nommés par le roi, sur deux listes doubles présentées l'une par ces cours, l'autre par les conseils provinciaux.

« Les conseillers de la cour de cassation sont nommés par le roi sur deux listes doubles, présentées l'une par le sénat, l'autre par la cour de cassation.

« Toutes les présentations sont rendues publiques au moins quinze jours avant la nomination.

« Les cours choisissent dans leur sein leurs présidents ou vice-présidents.

« Enfin, les membres de la cour des comptes sont nommés par la chambre des représentants. »

Eh bien de bonne foi, nos feuilletonnistes sont plus forts, mais leurs législateurs valent mieux que les nôtres, car c'est bien là la monarchie républicaine. « Le roi ne peut *faire mal, the king cannot do wrong,* » maxime qui serait absurde si elle signifiait seulement que le roi se cachera derrière ses ministres responsables, mais qu'il faut traduire ainsi : Le roi ne peut faire mal parce qu'on a planté autour de lui en guise de garde-fou, des institutions qui l'empêchent de mal faire. En effet, le pays gagnerait beaucoup aujourd'hui à ce que M. Guizot fût condamné à quelques années de retraite et de réflexion, pendant lesquelles sans doute il finirait par comprendre que la corruption n'est pas un très-bon moyen de conduire un peuple, que la férule du pédant de collége n'est pas un sceptre, et qu'il ne faut pas, quand on est à la tête d'un gouvernement, défendre des actes détestables, avec cette opiniâtreté scholastique, cet orgueil de savant qui soutiendrait en Sorbonne une mauvaise thèse : tel autre, qu'il ne faut pas à notre époque faire le bourgeois gentilhomme, se croire un Tanneguy parce qu'on se nomme Duchâtel, et trancher du sacripant, du roué de régence, parce que ces airs-là ne conviennent nullement à un ministre : tel autre enfin, qu'on ne supplée pas toujours au talent qui manque par l'acerbité des mesures qu'on prend, et qu'il est odieux de faire de la justice un instrument de gouvernement, *instrumentum regni*.

Mais il y a une grande nation, l'Athènes du nord, qui s'est toujours payée de mots ; la Belgique a mieux aimé la chose ; chacun son goût.

Pour instituer un magistrat, chez nous, il n'y a pas tant de façons, pas besoin de listes doubles, d'assemblées provinciales ; M. tel recevait des lettres dans lesquelles le roi le nommait *son féal et amé conseiller en notre cour royale de...*, comme au bon temps des parlements ; *car tel est notre bon plaisir*, aurait pu ajouter sa gracieuse Majesté : mais en réalité le susdit conseiller n'était nommé que par la grâce de MM. Martin (du Nord) ou Hébert ; il savait parfaitement ce que sa charge lui avait coûté en mines, contre-mines, démarches ou argent pour faire capituler le titulaire, ou bien encore, le malheureux, il avait eu avec la charge celle de faire le bonheur de la fille d'un magistrat, laquelle n'a jamais manqué de lui faire sentir trois fois par jour que c'était elle qui lui avait mis sur la tête le mortier, sur l'épaule la *chausse!*

La royauté n'était là qu'une fiction, cousue de fil blanc, mais encore était-ce une fiction ; car la royauté était un troisième pouvoir dans l'État ; mais aujourd'hui qu'il n'y a qu'un souverain : le peuple ! sera-ce la République, être de raison qui nommera ses magistrats assis et debout ; sera-ce le pouvoir exécutif quel qu'il soit qui osera se porter héritier universel de la royauté ? mais en vérité ce serait tomber dans l'absurde, et ce que nous avons vu en 1830, ce que nous voyons en 1848 ne nous sera-t-il pas un salutaire avertissement ?

En 1848 comme en 1830, tous les parquets mis au pillage; les plus ardents à la curée de la place Vendôme ont emporté les premiers siéges; les autres ramassent les bribes; tel avocat rayé il y a quelques jours du tableau, est envoyé commissaire du gouvernement près un tribunal, tel autre va remplacer le procureur du Roi qui, il n'y a pas longtemps, le poursuivait pour tentative de viol : et cela pour se priver souvent de magistrats expérimentés et fort regrettables.

Mais ce spectacle n'est-il pas mortellement affligeant ; mais voulez-vous donc que la France entre en révolution à chaque génération d'avocats ?

« *Belle cérémonie*, disait madame de Krudener au couronnement du czar Alexandre, *l'empereur marchait précédé des assassins de son père, et suivi des siens.* »

Chaque gouvernement qui s'intronise en France semble prendre la même marche funèbre ; à la tête les mécontents de la veille, vainqueurs du jour qui se partagent avidement les dépouilles comme s'ils étaient en pays conquis, et une fois nantis, se figurant que tous doivent être contents puisqu'ils le sont ; derrière eux marche en battant des mains cette jeune foule toujours avide de nouveautés, mais qui dans quelques années voudra aussi se faire sa part, et recommençant le jeu sanglant des révolutions, viendra mettre durement la main sur l'épaule de ses devanciers, avec le sacramentel : Ote-toi de là, que je m'y mette.

Eh bien, le seul moyen de réprimer ces appétits révolutionnaires, de mettre un terme aux révolutions qui affligent périodiquement la France, c'est de rendre au peuple ses droits.

Il doit nommer les représentants à qui il déléguera l'exercice de la souveraineté qui réside en lui; il doit nommer les gens du ministère public chargés de l'importante mission de surveiller, de requérir, de maintenir en son nom l'exécution des lois.

A l'assemblée constituante le 4 août 1791, Tronchet faisait sentir l'inconvenance et le danger de remettre au pouvoir exécutif « la verge de l'accusation publique; c'est principalement, disait-il, par l'influence de l'accusation publique que le pouvoir judiciaire agit si profondément sur le caractère et les mœurs du peuple : *Rien ne dégrade, n'avilit et ne dispose à la servitude comme la crainte ;* » il proposait ensuite, par l'exemple de notre ancien droit français et par celui de la pratique d'un peuple voisin, un des juges de chaque tribunal pour exercer ces fonctions, c'est par là, disait-il, que fidèles au principe vous éviterez d'*engouffrer dans le pouvoir exécutif un pouvoir tout populaire de sa nature.*

L'accusation est une arme à deux tranchants qui blesse celui qui l'emploie s'il en abuse : la plupart des gouvernements en France ne sont-ils pas tombés sous le poids des haines et des ressentiments que des poursuites trop fréquentes et trop acharnées en matières politiques avaient soulevés contre eux : ils s'applaudissaient de chaque condamnation comme d'une victoire remportée, et chacune de ces tristes victoires avançait leur chute.

Cette innombrable légion d'accusateurs déchaînée sur toute la France, et obéissant au mot d'ordre parti d'en haut, est chose vraiment effrayante : grâce à l'adoucissement des mœurs, le bourreau s'est reposé, et surtout sous le dernier gouvernement moins de têtes sont tombées ; mais tout autant de têtes ont été demandées que par le passé. Le ministère public a toujours été le même avec sa funèbre phraséologie, invoquant des rigueurs salutaires, enregistrant sur ses états de services ses campagnes politiques et ses actions d'éclat ; si un instant il voulait s'arrêter on lui rappelait durement qu'il est amovible ; nous avons cité le procureur général Borelli destitué pour s'être permis de donner une opinion dans un innocent discours de rentrée ; puis lorsque le membre de la magistrature *debout* s'est fatigué à la triste mission qu'il remplit, lorsque l'esprit faussé et le cœur atrophié à force de ne voir que crimes et criminels, il est arrivé à l'état du chirurgien émérite promenant sans sourciller le scalpel dans les entrailles du patient, il va se reposer dans les rangs de la magistrature *assise ;* ce sera certes un juge bien miséricordieux, bien pénétré de la sainte maxime que la clémence fait aussi partie de la justice : il faudrait qu'il fût de bien mauvais caractère pour ne pas accorder de bonne grâce des condamnations, lui qui en a tant demandé, tant obtenu.

Le gouvernement armé de l'arme terrible de l'accusation, et nommant à son choix les accusateurs, ne pourra éviter un double écueil : ou il accusera trop, et battu en brèche par les passions qu'il aura ameutées contre lui, il finira par succomber ;

Ou il n'accusera pas ; et des actes répréhensibles restant impunis, la société ne sera pas sauvegardée ; et il sera méprisé à cause de sa faiblesse ;

Ou encore il pourrait arriver qu'il tolérât, qu'il encourageât par son silence des menées dont il serait complice, et grâce à de coupables connivences la liberté pourrait périr dans les mains d'un pouvoir contre-révolutionnaire ; et contre un pareil danger quel serait le recours du peuple ? comment pourrait-il lutter contre le gouvernement qui a tant de moyens de pallier le crime, d'en détruire les preuves, de sauver le coupable ?

Au peuple donc à nommer les accusateurs qui doivent parler en son nom, maintenir l'ordre, faire respecter et appliquer avec fermeté et sans passions les lois qu'il a édictées par la voix de ses représentants.

Le peuple doit nommer les juges de tous les degrés chargés de rendre la justice au nom du peuple.

L'élection doit être appliquée à tous les corps constitués, car sans l'élection pas de salut.

Est-ce qu'il serait possible que nous fussions encore condamnés à voir un mince avocat de province, qui naguère allait quêter des causes chez les avoués, après s'être fait à grand renfort de poumons une petite réputation dans son *endroit*, entrer à la chambre, et pour prix de sa faconde mise au service du pouvoir, arriver de plein saut aux premières dignités de la magistrature ; puis revêtu de la simarre de garde des sceaux le voilà qui nomme tous les magistrats de l'ordre judiciaire et administratif, institue les évêques ; mais c'était à en perdre la tête, et notre petit homme trônant à la chancellerie entouré de flatteurs, circonvenu de solliciteurs et de solliciteuses se prend au sérieux, il se croit un grand orateur, un grand politique ; ébloui, abasourdi, abêti, il était frappé de ce mal que j'appellerai le vertige *romain* qui attaquait les empereurs, lorsqu'élevés par les Prétoriens au trône, ils voyaient sous leurs pieds le monde entier ramper dans la fange !

Puis cette multiplicité d'emplois qui est l'œuvre de l'empire est une des causes qui a le plus contribué à altérer le caractère national, à faire du peuple français, ainsi que le disait durement Louis Courrier, un peuple de laquais.

A tous ces maux il n'y a qu'un remède, l'élection par le peuple, cette grande voix qui chassera les solliciteurs et les marchands du temple de la justice, et posera une digue aux révolutions.

Mais, me dit-on, on flattera le peuple... c'est ce qu'on ne fait que trop souvent et au lieu de lui placarder de continuels dithyrambes, il serait bien à désirer qu'un Aristophane vînt parfois cingler du fouet de la satire le bonhomme *Demos* ; et certes il avait cependant affaire à un peuple spirituel, à un peuple d'élite (1).

(1) Selon Montesquieu, Athènes comptait 20,000 citoyens, 50,000 étrangers, 400,000 esclaves.

Mais je ne crois pas que le peuple se laisse tromper lorsqu'il s'a-
gira de nommer des hommes ayant mission de lui rendre la justice,
parce que la justice est le premier besoin de toute société ; il saura
bien choisir parmi les plus vertueux, les plus expérimentés, il saura
bien conserver sur leurs siéges, ceux des magistrats qui sont dignes
de recevoir sa puissante consécration.

Et la preuve c'est que les meilleurs tribunaux que nous ayons eus
depuis soixante ans sont ceux que nous avons dus à l'élection ; les
Henrion de Pansey, Zangiacomi, Brillat Savarin qui pour avoir fait
la Physiologie du goût n'en était pas moins un excellent jurisconsulte, ont été élus par leurs concitoyens.

Et tous les jours, nous voyons fonctionner la justice consulaire,
qui grâce au progrès de l'industrie a des questions extrêmement épi-
neuses à juger, et cependant ne s'en tire pas mal… qui même s'en
tire si bien que cette justice peu coûteuse, expéditive, semble un
reproche continuel contre les vices de notre système judiciaire. Il
est vrai cependant que dans les tribunaux de commerce on ne fait
pas de si beaux discours de rentrée et d'installation.

Mais, me dira-t-on, ce sont les notables commerçants qui élisent
leurs juges ; mais je suppose que personne ne demandera que les magistrats soient élus dans les carrefours par tous citoyens âgés de vingt-
un ans. Chez nous en vérité on passe toujours d'un extrême à l'autre,
et la France fait l'effet d'une balance folle dont les plateaux se lè-
vent ou descendent avec une rapidité effrayante. Il n'y a pas dix-
huit ans, il fallait quarante ans d'âge et payer 1000 fr. de contributions directes pour être éligible ; il y a six semaines, il ne fallait plus
que trente ans d'âge et 500 fr. de contributions, et les conservateurs
ne voulaient pas même entendre parler de l'adjonction des capaci-
tés et des listes du jury pour les électeurs ; aujourd'hui tout Français âgé de vingt-un ans est électeur, tout Français âgé de vingt-
cinq ans est éligible, enfin on s'est tout de suite placé à la limite extrême du possible ; peut-être a-t-on bien fait, je ne m'occupe pas ici
de politique, mais bien qu'on ait proclamé que le prolétariat était
aboli, on ne me fera pas croire que le marchand de contre-marques,
que l'employé aux trognons de pommes des funambules soit aussi
apte que vous et moi à élire des magistrats.

Aussi pensons-nous qu'il faudrait recourir à l'élection à deux degrés de la constitution de 1791.

Je ne sais pas quels sont les projets de la commission appelée à organiser l'ordre judiciaire, et si elle proposera de supprimer un ou plu-

sieurs des quatre degrés que nous avons : (justice de paix, première instance, appel, cassation) toujours est-il que les populations sauront admirablement choisir parmi les honnêtes citoyens qu'elles renferment dans leur sein, qu'elles ont vus dans les différentes circonstances de leur vie, qu'elles connaissent en un mot, leurs juges de paix, leurs juges de première instance.

Pour les tribunaux d'appel dont le nombre ainsi que le personnel pourrait être facilement diminué, moitié des juges qu'on a continué à appeler *Conseillers* (quoique ce mot soit un non-sens) pourraient être pris parmi tous les anciens magistrats du ressort : et dans les départements où les débats judiciaires ont un grand retentissement et sont très-suivis, les électeurs ne seraient pas embarrassés pour désigner ceux qu'ils ont vus à l'œuvre, qui ne doivent leur avancement qu'à leurs travaux, qui en un mot se sont fait une réputation inattaquable.

La difficulté pour être plus grande à Paris, centre immense de population où on se connaît si peu, ne le serait certes pas plus que pour la nomination des membres du Conseil général ; si pour ces derniers on mettait en définitive une assez grande indifférence, parce qu'on ne les voyait pas agir, que leurs sessions très-courtes n'étaient pas publiques, on s'ingénierait bien autrement à faire de bons choix, parce que chacun sent l'importance d'avoir de bons juges auxquels il peut avoir affaire le lendemain.

Reste le tribunal, ou si vous vous voulez la cour de cassation : d'abord il faut espérer qu'on ne lui laissera pas le pouvoir politique de *faire des lois* ou autrement, ce qui revient à peu près au même résultat, de faire des arrêts de règlement en dépit de l'art. 5 du Code civil ; car par la loi du 1er avril 1837 sur l'interprétation, sinon en droit, du moins en fait, la cour de cassation est devenue partie du pouvoir législatif (1) : moitié des membres de cette cour pourrait être nommée par les électeurs, parmi les licenciés en droit et les juges de quelques degrés qu'ils soient, moitié nommée par les magistrats eux-mêmes.

(1) Et alors, je le demande, qu'est devenue cette belle et grande indépendance des tribunaux, jugeant selon leur conscience et leur raison, ne soumettant l'une et l'autre qu'à la loi, alors qu'elle se révèle et s'impose à elles ? Qu'est devenue cette sage distinction du pouvoir législatif et du pouvoir judiciaire que l'assemblée constituante avait tracée d'une main si ferme ! Quoi, il n'y a pas plus de cinquante ans... et nous perdrions déjà ces garanties, fruit de l'expérience des générations et que la génération actuelle a si chèrement achetées ! (*Études histor. et critiq. sur la législat.*, 1844).

Les tribunaux de tous les degrés choisiraient dans leur sein leurs présidents et vice-présidents.

Enfin si les populations s'étaient trompées dans un ou plusieurs de leurs choix, l'erreur commise ne serait plus, grâce au ciel, irréparable, tous ces juges n'étant institués que pour cinq ans.

Nous n'avions pas encore énuméré tous les avantages de l'inamovibilité, car nous avions omis la négligence systématique de quelquesuns des magistrats retranchés dans leur position inexpugnable, et bien sûrs que par intérêt de corps, on n'userait pas contre eux des lois existantes, ne voulant absolument rien faire : on pourrait citer tel conseiller dont on n'a jamais pu obtenir un rapport, tel juge de première instance, qui sous prétexte qu'on n'avait pas récompensé son mérite par de l'avancement, se refusait péremptoirement à tout travail : le système proposé en ferait bonne justice.

. Nous le répétons, l'élection, c'est-à-dire la nomination par le peuple souverain, doit s'appliquer à tous les corps.

Quant au conseil d'État, des raisons de convenance nous empêchent d'en parler longuement, et nous nous gardons bien de dire comme M. de Cormenin qui aujourd'hui le préside : « quelques personnages brodés et emplumés, qui viennent statuer sur la mise en jugement d'un garde champêtre, ou sur le curage d'un simple ruisseau, *petite jugerie, compétence disputée, repaire de sinécures, établissement sans forme et sans légalité, etc.* »

Nous avons eu l'honneur de faire partie de ce corps pendant neuf ans, dans la position la plus obscure, et dont tout naturellement nous ne sommes pas sorti, grâce au système, alors en vigueur et si scrupuleusement suivi, dans les derniers temps, de satisfaire de certaines *exigences* (c'était le mot consacré); nous nous contenterons de dire, que nous y avons vu des hommes du plus grand mérite, occupés très-sérieusement à remettre de l'huile dans les rouages de l'administration qui semblait continuellement sur le point de s'arrêter ; que lorsque l'administration avait mal engrené une affaire, elle se mettait prudemment derrière le conseil d'État qui l'abritait généreusement ; lorsqu'elle avait donné quelques coups de canif dans la loi, le conseil d'État se mettait à l'ouvrage pour faire une reprise perdue; qu'enfin le conseil d'État, ce juge souverain de l'administration et qui aurait dû lui inspirer un salutaire effroi, était peut-être en de trop bons termes avec elle, et parfois semblait un peu aller, comme on dit, *prendre l'air du bureau....* mais aussi on a des enfants, des gendres à placer, que voulez-vous !

Je me contenterai de demander, comme je le faisais en 1844, si le conseil d'État doit être investi de la mission, non pas de rédiger, comme dans la constitution de l'an VIII, mais d'examiner les projets de lois. Alors nous concevrions que les membres de ce corps fussent choisis par le pouvoir exécutif, parmi les hommes les plus distingués, mûris dans la magistrature et dans les hautes fonctions de l'administration. Mais s'il ne doit être qu'un haut tribunal administratif, il doit être nommé par le souverain, c'est-à-dire à l'élection du peuple. Et après le scandale de l'affaire Petit, nous croyons que nous n'avons pas besoin d'insister pour qu'on reconnaisse que c'est le seul mode à suivre en ce qui touche les modestes, mais utiles fonctions de la cour des comptes, pour éloigner ces ignobles tripotages dont nous avons été affligés.

Pour nous résumer, nous demandons que les juges de paix, membres des tribunaux de première instance, et des cours d'appel, si cours d'appel il y a, soient nommés par l'élection de deux degrés; parce que l'élection des juges par le peuple est la seule garantie de leur indépendance pour les justiciables.

Que ces magistrats soient nommés pour cinq ans, et rééligibles, parce qu'un mauvais choix rendu irréparable par l'inamovibilité, est une calamité publique; que les juges de la cour de cassation, les membres du conseil d'État et de la cour des comptes soient nommés, moitié par les électeurs, moitié par les magistrats de tous les degrés déjà élus par le peuple.

Que ces tribunaux et cours choisissent dans les membres qui les composent leurs présidents et vice-présidents.

Sans préjuger la question de l'intervention du jury en matière civile, laquelle a été proposée avec une grande force de logique et de raisonnement par les hommes les plus éminents de l'Assemblée constituante, tels que Duport et Chabroud entre autres, qui y voyaient le seul moyen de remédier à tous les inconvénients qui résultent du mélange des questions de fait et de droit, qui seul embrouille et complique les procès, qui seul engage à les soutenir; il faut remarquer que Thouret, celui de tous qui a le plus puissamment contribué à la faire repousser au civil par son beau discours du 6 avril 1790, proteste à chaque instant de son sincère désir de voir admettre par la suite le jury pour toutes les matières civiles; il s'opposerait de toutes ses forces à toute proposition, à toute rédaction qui pourrait présenter l'idée de son exclusion absolue, mais il pense que *le moment n'est pas venu d'en faire un établissement général :* de là ce nombre de trois juges qui primitivement composaient les tribunaux de district. Le moment n'est-il pas venu, aujourd'hui qu'on ne sait pas trop ce qui reste de notre immortel Code civil, depuis que MM. des cours royales ont pris l'habitude de juger en fait pour échapper à la censure de la cour de cassation, qu'en leur qualité de cours souveraines, héritières des parlements, elles ne supportaient qu'avec peine ? Mais, dis-je, sans préjuger cette importante question, nous demandons tout d'abord que la compétence du jury soit considérablement élargie, parce que nous croyons avec M. Royer-Collard « qu'un peuple qui n'intervient pas dans les jugements peut être heureux, tranquille, bien gouverné, mais il ne s'appartient pas à lui-même, il n'est pas libre, il est sous le glaive. Toute chose dans l'état social aboutit à des jugements : l'intervention des citoyens dans les jugements est donc la garantie véritable, définitive de la liberté. » Et ne frémit-on pas en pensant qu'un tribunal correctionnel composé de trois juges peut disposer de la liberté, de l'honneur des citoyens, condamner en cas de récidive à dix ans d'emprisonnement, dix ans de surveillance, sans compter les dommages-intérêts qu'il peut arbitrairement porter à des sommes énormes, ce qui est la confiscation rétablie sous un autre nom ?

Nous demandons en conséquence que le jury connaisse de toutes les affaires du petit et grand criminel, de toutes les affaires de presse, ce qui n'est du reste pour celles-ci que l'exécution de l'art. 67 de la Charte de 1830 ; qu'il connaisse de toutes les demandes en divorce.

Car, pour rendre au mariage sa sainteté, raffermir l'autorité salutaire du père de famille, nous demandons le rétablissement du divorce, et en même temps que les avantages de survie consentis par les époux entre eux soient annulés, quelle que soit la partie qui ait obtenu le divorce, parce qu'il est inique et immoral qu'on puisse s'enrichir aux dépens du conjoint qu'on a répudié, au détriment des enfants nés d'une union malheureuse, lesquels ont besoin de trouver dans la loi une protection qui leur manque au foyer domestique.

Nous demandons que la séparation de corps soit abolie, parce qu'elle détruit le mariage en le laissant dérisoirement subsister, qu'elle tend à organiser le concubinage de part et d'autre, parce qu'elle est enfin attentatoire au premier chef à la sainteté du mariage et au repos des familles ; mais, pour laisser aux passions le temps de se calmer, que le divorce ne puisse être prononcé qu'après un laps de trois ans écoulés depuis la demande formée, et l'envoi en séparation de fait provisoirement ordonné par le président du tribunal devant lequel elle a été portée, lorsque celui-ci aura épuisé tous les moyens de concilier les parties comparues dans la chambre du conseil.

Voilà ce que je demande... Je ne suis pas poussé par quelque sentiment haineux : la modération de mon langage le prouve ; par le puéril désir de faire parler de moi : j'ai toujours vécu dans la retraite, loin des coteries, une vie de labeurs et de fatigues, ignorant même aujourd'hui si l'on n'est pas déjà convenu d'aller bien au delà de ce que je demande, si je ne suis pas déjà complétement distancé.

Et en effet, pendant que je rompais une lance contre l'inamovibilité, l'imprimeur du Gouvernement provisoire marchait plus vite que le mien, et voici que nous apprenons que « *le principe de l'inamovibilité de la magistrature, incompatible avec le gouvernement républicain, a disparu avec la Charte de* 1830, » c'est-à-dire que la question non résolue, mais tranchée provisoirement, se représentera tout entière devant l'Assemblée nationale ; car le point important est de savoir à qui appartiendra la nomination des juges et des gens du ministère public : si ce devait être, comme par le passé, au pouvoir exécutif, personne n'hésitera à dire que dans cette condition on en serait réduit à regretter même l'inamovibilité, la seule garantie d'indépendance qui resterait en effet aux justiciables. D'un autre côté, si on en croit les indiscrétions commises par les journaux sur les travaux de la commission chargée de préparer le projet d'une nouvelle organisation judiciaire, l'armée innombrable des hommes de justice serait de beaucoup diminuée. Tout le monde applaudira sans doute à cette mesure ainsi qu'à la création d'une cour suprême composée de trois chambres, et englobant la cour de cassation, la cour des comptes, et le conseil d'État : grande combinaison qui mérite d'être profondément étudiée, mais qui paraît empreinte d'une raison haute, large et féconde.

Quant à la seconde partie de notre pétition, pour le rétablissement du divorce, le Gouvernement provisoire a sans doute déjà beaucoup fait. Il a dégrévé des impôts, proclamé des principes ; mais il n'a pas encore d'urgence raffermi les ménages par une crainte salutaire, consolé des époux malheureux et bien intéressants, qui n'espèrent la fin de leurs maux que de ce remède qu'en vérité on ne peut pas leur refuser plus longtemps. Aussi, je l'espère, notre voix, notre faible voix arrivera jusqu'à nos législateurs : car elle n'est que l'écho de tous les maris qui, j'ose le dire, appellent de leurs vœux les plus ardents le divorce comme une arme comminatoire dont on ne parle jamais, mais que l'on n'est pas fâché d'avoir même dans l'union la plus heureuse; et pour les cas désespérés comme une *ultima ratio,* qui seule peut mettre un terme à d'intolérables souffrances : et tous les maris béniront la République, qui avec la Liberté, l'Égalité et la Fraternité, leur aura donné la *tranquillité* dont ils jouissaient fort peu au foyer domestique.

Fidèle à la religion du devoir accompli jusqu'au bout, des révolutions je n'ai jamais reçu que des coups, et j'ai cela de commun avec beaucoup d'honnêtes gens; aussi avec eux, je désire non pas qu'on essaye sur notre chère et malheureuse France, d'irréalisables utopies, comme si l'on travaillait *in animâ vili,* remèdes héroïques qui, s'ils emportent rarement le mal, tuent bien souvent le malade; mais qu'on lui donne des institutions (car elle n'en a jamais eu), institutions propres à éloigner le retour des turpitudes dont nous avons été témoins le retour, de ces commotions périodiques qui l'ébranlent et l'exténuent depuis soixante ans. Avec eux, je désire sincèrement, ardemment le maintien et la consolidation de la République; car si nous ne réussissions pas à la fonder, ce serait notre ruine et notre honte : le monde entier serait en droit de nous regarder comme de vieux enfants qui ne savent pas ce qu'ils veulent, incapables de supporter la liberté ni l'esclavage, comme les Romains de Tacite... *nec libertatem nec servitutem perpeti.*

Il y a de ces existences qui ont été tellement transparentes, et tellement pures, que même au fond de l'obscurité où elles sont restées plongées, elles brillent encore d'un certain éclat; et il a bien, je pense, le droit d'élever la voix celui dont la voix a toujours été consacrée à ce qu'il croyait la vérité, celui dont les actions ont toujours été à la hauteur des paroles, celui enfin qui s'est toujours dévoué de toutes ses faibles forces, corps et âme, au bien de son pays.

FIN.